U0731544

打开孩子的心窗

北京八中的浸润式德育

组编
北京八中初中部

中国人民大学出版社
·北京·

编 委

（以姓氏笔画排序）

王　芳　　王　爽　　王艳香　　尤　炜　　古跃凤
申　博　　吕　彤　　刘　艳　　刘　颖　　孙　敬
杨　华　　张　涛　　张　雁　　张凤兰　　张育英
柳臣云　　耿丽娜　　徐洪涛　　唐世红　　康　靖
童其琳　　穆　聪

目　录

上篇　与学生一起体验学科之美

　　　　每一门学科，除了其知识本身，一定会有其特殊的美育因素，是学生喜欢我们学科的重要原因之一。知识来源于生活，又应用于生活。任何一门学科知识，无论是自然科学还是历史人文都有它的结构、规律，而这些规律的发现、应用就蕴含着丰富的哲理。

下篇　德育无所不在

作为教师，我们每天的工作莫过于上课、答疑、实验、面批作业等，看似平淡，但您发现没有，就在这些看似琐碎、重复的事务中，您不经意的一句话却使您的学生一生受用，当他来看望您提及往事您可能已经忘却，学生可牢记在心，这就是育人的艺术。

上 篇
与学生一起体验学科之美

　　每一门学科，除了其知识本身，一定会有其特殊的美育因素，是学生喜欢我们学科的重要原因之一。知识来源于生活，又应用于生活。任何一门学科知识，无论是自然科学还是历史人文都有它的结构、规律，而这些规律的发现、应用就蕴含着丰富的哲理。

化学与大义

化学的世界很精彩，化学的魅力无法抵御。化学是自然规律的一种体现形式，蕴含了你无法想象的丰富的哲理……

今天的天气真好，灿烂的阳光洒满教室。站在教室的窗户前，透过玻璃窗，我看着操场上活跃的学生，思索着一会儿的化学课。

"吕老师，您啥时进班的呀？没接着您。"这熟悉的声音一听就是我的课代表小汪同学，他的任务之一就是每次化学课前帮助我拿各种仪器、药品。"哦，可能老师今天的身体里发生了不同的化学反应，不同的化学信号指引我走另一侧的楼梯进了教室，和我的课代表错过了。""哈哈！"我们会心一笑，师生之间经常以"化学"为中心开玩笑。

这时，预备铃响了，学生们迅速回座位准备上课，我也在快速决定一会儿的实验应该找小汪同学配合，一方面他是课代表，另一方面他酷爱化学，对化学学科有比较深入的理解。

"……哪位同学了解今天我们使用的镜子是怎样生产出来的？"我环顾教室，同学们有的点头，有的举手示意发言，有的直接就说出了答案。"不错，现代制镜业主要是电镀铝，成本较低，也很漂亮。今天我要给大家展示的是传统工艺——银镜反应。我们要在一片洁净的玻璃板上镀一层银，需要一位同学配合一下。""老师，我来吧，实验完成后，把镜子送我吧，我刮下银子换钱去。"说话的是我们班的调皮鬼小丁，大家都在起哄，他也不是真的要来帮忙。我的目光停留在小汪身上，他也正急切地看着我，目光对视的一瞬间小汪就起立来到讲台前。我的这个课代表和我磨合了一年多，也不知什么原因，无论是和我合作做实验还是分析

我提出的问题，都配合默契，总能说出我想要的话，总能为我的课堂提供最新鲜的素材，所以同学们也乐意推举他来做助手，课堂会十分顺畅。

我递给小汪同学一片干净的玻璃板，说："小汪，透过玻璃板，你看到什么了？"

小汪举着玻璃板说："同学们冲我乐呢。"（同学笑）

"再看看窗外。"

"有同学在操场上体育课，好像在学新的韵律操。"

"再往远处看。"

"马路边上有行人，脚步匆匆，可能迟到了，还有汽车，车水马龙的，挺热闹。"一部分学生趁机也凑到窗前看热闹。

"好，刚才你们大家和小汪一起看到了实验之前的景象。"待大家回到座位后我说道。

正要继续实验，小汪反应特别快："哦，我知道了，实验结束后就什么也看不到了。"

"嗯？你这么认为？实验还没做，不好下结论吧？"我看着小汪自信满满的脸，示意他往下做实验。

"好，下面请小汪同学把玻璃板放入盛有银氨溶液的小烧杯中，斜靠在烧杯内壁上，再把小烧杯小心放入盛约 60℃的温水中加热，稍后请观察现象，并回答问题。"

实验非常顺利，一会儿工夫同学们就惊喜地发现小烧杯内壁和玻璃板表面覆盖了一层光亮的银白色物质，一面镜子诞生了。学生们用掌声庆祝实验成功，七嘴八舌议论着，有的还做出抢劫状。

实验很成功，现象也看到了，下面该回答我的问题了。"第一个问题是给大家的，谁先举手并回答正确就将这个烧杯奖励给谁。同学们思考一下，本实验直接用酒精灯加热行不行？为什么要水浴加热？"

"可以吧，反正都是提供热量嘛。"

"不行吧，否则为什么不用酒精灯？还快呢！"

"那就要看这两种加热方式有什么不同了？我们就请小李同学说说两种加热方式有何不同。"我听见了小李的话，马上请他发言。小李缓缓站起身，不是很确定地说："如果对于制出银来说两种方法都行，但咱不是要镜面吗，所以酒精灯加热升温过快，不好控制，受热还不均匀恐怕镜面出不来，银子是能出来的；水浴就不同了，受热均匀，且温度能较长时间保持在规定的 60℃，不会升高也不会马上降低，应该是这样。"同学们频频点头表示赞同，我也用非常欣赏的眼光看着他："那就请你用酒精灯重复一下上面的实验吧，看看结果是否像你所说的一样？"……果然实验结果跟小李说的一样，我们看到黑乎乎的银屑，没有光亮的银镜。"小李同学已经从化学的角度分析了为什么两种加热方式给实验带来不同效果，同学们能否从这个实验中得到什么启示呢？"

小汪最快站起来接了话茬："我们办事不能急功近利，这样可能会欲速则不达。有时慢一些会有更好的效果，慢工出细活就是这个道理。慢，需要勇气和智慧。""啊，经典呀！"同学们高叫着，并爆发出掌声。我将刚才实验得到的镀银玻片递给小汪，请他举在眼前，问："看到大家对你欣赏的眼光了吗？""没有。"小汪说。我掰着小汪的肩膀转向窗户，说："看到操场上你的学友了吗？看到马路上熙熙攘攘的人群了吗？"

"没有啊，这是镜子啊，反射的是自己的图像呀！"

"没错，它已经不是一块玻璃，而是一面镜子了，上面有了一层银，知道这层银有多厚吗？"小汪摇头。

"只有几微米厚。你看看，就是因为这薄薄的一层银子，使你眼中只有自己没有了他人。"我笑嘻嘻地看着小汪，等待着他的反应。

小汪几乎要跳起来了，满脸无辜："啊！吕老师，我是这样的人吗？您给我设套了！"同学们早已笑喷了。我假装同情地看着小汪说："那你说说怎么委屈啦？"小汪看看我，我诚恳地回望着他，然后小汪面向大家说："这个……大家应该了解，吕老师不是说我呢……"话音没落地，同学们不干了："那是吕老师在说我们吗？"小汪赶紧辩解："我不是这意思，吕老师也不是这意思。吕老师是想告诉我们做人、做事不能因为眼前的一些小利就放弃了更重要的大义！简而言之不能因小失大。"

多好的学生，是我心爱的学生。"吕老师感到你们真的长大了，很高兴呀。今天用了一个小小的银镜实验，唤起了你们的良知……"

"不对，吕老师，好像我们曾经失去过良知似的，您错了！"

"哦！是错了，我的学生一直都是好孩子呀！"

我热爱教师这个职业，不仅能和学生共同分享学科知识，而且可以一起感受其中的思想内涵。这就是我对浸润式德育的理解。谨以此文纪念初中部迁址 15 周年。

化学组

吕 彤

浸润式的数学

从根本上说，浸润式的教学就是培养孩子的理性思维能力，发展学生的数学应用意识。培养理性思维能力，是培养学生社会责任感，使其学会批判思考的基本环节。数学思维能力在其中起着独特的作用。

从教头几年，每天站在讲台上，面对着稚嫩的面孔，我能读出孩子们眼中有对知识的渴望、有面对未知领域挑战的勇气，也有对现实中的枯燥训练的无奈和不解。作为一名数学老师，每一节课我都迫切地把我所有的知识毫无保留地传授给孩子们，但是苦恼也随之而来，越是用力教，越感觉孩子的学习效果给自己带来的心理落差大。曾经有相当长的一段时间，我每天都会很苦恼，纠结着"有些知识方法明明在课堂上讲了很多遍，可学生在解决问题时还是不能很好地完成"，总会有学生不停问我："我都已经很努力了，为什么成绩还是提高不了。"时间长了，在每天的繁重工作中，我把这种情况当作了常态，已经习已为然。

前几年，有幸进入了素质班任教数学，我开始静下心来，认真思考，应当教会孩子们什么？数量感觉与判断、数据收集与分析、归纳猜想与合情推理、逻辑思考与严密证明、数学表示与数学交流等，都是其他科学所不能或者难以培养的思维品质。但是，我国数学教学中常常可见"数学 = 逻辑"的观点，使得数学成了干巴巴的逻辑链条。目前中小学数学教学的一个突出问题是：人们为了应试的需要，把数学教学异化为狭隘的解题教学。而 20 世纪下半叶以来，数学最大的发展是应用。计算机技术的广泛使用，使得"数学从社会的幕后走到台前"，在某些方面直接为社会创造价值。因此，数学在数学应用和数学实践方面需要大力加强，数学课程要突

出知识的"来龙去脉"。

　　基础与创新是正确处理学习过程的不可或缺的两个方面。既要打好基础，又要发展创新的潜能。基础需要"与时俱进"，不断整合；创新需要为学生提供提出问题、独立思考和实践的空间。形式化是数学的基本特征之一，但是数学的现代发展表明，全盘形式化是不可能的。数学正在走出"布尔巴基"的形式化光圈。在数学教学中，学习形式化的表达是一项基本要求。但是，数学不能过度形式化，将生动活泼的数学思维淹没在形式化的海洋里。因此，应该"返璞归真"，揭示数学的本质，"要推理，更要讲道理"，通过典型例子的分析，理解数学概念和方法。追寻数学发展的历史足迹，把形式化的数学形态转化为学生易于接受的教育形态。

　　数学，带给孩子们的更多的是理性的思维、有条理的分析，以及寻求问题解决的能力。因而每一节课把基本概念及原理分析透彻，引导学生建立正确研究问题的态度和方法，同时要适当"留白"给学生思考的空间，让课堂的热度可以延续到课余的时间。下面以两个我课堂上的实例来说明一下。

实 例 一

　　初一数学（人教版）第四章"图形认识初步"中，在学生学习完立体图形及展开图后，会在"直线、射线、线段"内容中学习"线段的中点"这一概念。而这是学生进入初中学习几何以来第一个在几何推理中经常使用的几何定义，这个定义的研究方法可以推广到其他几何定义中去，因而我设计了下面的几个环节：

　　环节1：小学学过线段中点吗？谁能简单描述一下。

　　环节2：打开教材，找到线段中点的定义：将线段分成两个相等线段的点叫线段的中点。

　　环节3：分析定义。

　　问题1：一个点需要满足几个条件，才能够保证它是某条线段的中点？

　　当时学生的回答是"分成两个相等的线段"，我说没错。但接着我又提出："什么叫分成?"引导学生挖掘出定义的潜台词"只有点在线段上,才可能叫作分成"。

问题 2:你能不能画出已知线段 AB 的中点 C?

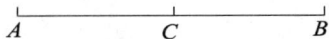

$$A \quad\rule{3cm}{0.4pt}\quad C \quad\rule{3cm}{0.4pt}\quad B$$

当时学生很快画完了,我问:"你是怎么画的?"学生很干脆地回答用直尺的刻度量的,我回答说很好,接着又问:"刚才的画图过程中你的依据是什么,如何才能保证你所画的一定是线段中点?"学生想了想说:"依据线段中点定义。"然后,我追问一句:"如果请你把刚才你的画图过程用数学符号语言来表示的话,比如用'若……则……',你会怎么写?"

学生甲:若 $AC=CB$,则 C 是 AB 中点。

学生乙:若 $AC=\dfrac{1}{2}AB$,则 C 是 AB 中点。

我问道:"这两句话对吗?"学生回答:"对。"我不死心,追问:"真的吗?"此时学生丙回答:"对,因为有图啊。"我笑着说:"那如果没有图,这两句话对吗?请你画图试一试。"

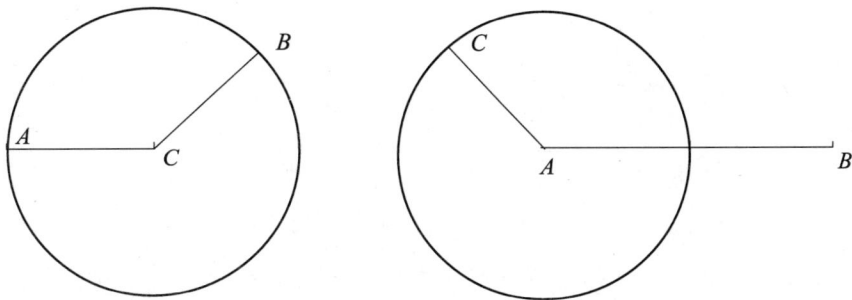

此时我问学生:"为什么会出现这种情况?"学生回答说:"没有保证点在线段上。"如此引导学生研究几何问题必须关注位置的要求及变化。

问题 3:若 $AC=CB=\dfrac{1}{2}AB$,则 C 是 AB 中点。这句话对吗?

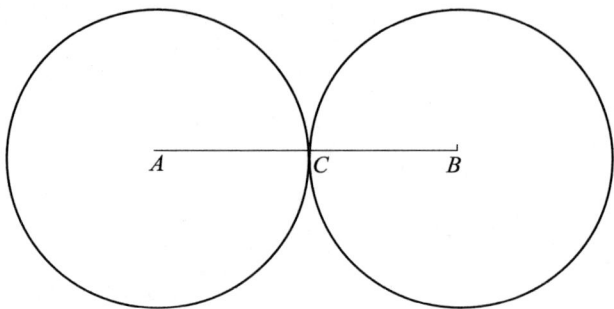

学生经过动手操作发现是正确的，此时我告诫学生："研究数学不要仅凭经验去判断。定义是判断是与非的途径之一。"

环节4：如图，已知点 C 是线段 AB 的中点，那么你会得出哪些结论？

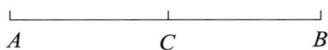

引导学生从另一个角度认识线段中点的定义，即定义除了当作判定方法外，还可以当作性质用。

以上四个环节，只是课堂中的一个片断，但却让学生充分认识到了该如何研究一个几何定义，并且该运用什么样的工具，为学生后面的学习打下基础。

实 例 二

按照我的课程设置，"因式分解"之后学习的是"一元二次方程"，但是对于因式分解到底的问题（尤其是二次三项式）没有讲透，因此在讲完一元二次方程解法之后，我又回头将二次三项式因式分解到底的问题提了出来。在讲完这部分知识之后，有一个学生发现一个因式分解的题不会解，于是在课堂上我们将这道题拿了出来，问题是这样的：

在实数范围内将 $x^5 + x^4 + x^2 + x + 2$ 因式分解。

通常情况下可以先试根，但是这道题用这个方法不太适用，于是我将这个问题留给了学生，请他们自行分组研究。

某组学生（刘曦瑞、罗运泽、邵一凡）成果展：

在实数范围内因式分解 $x^5+x^4+x^2+x+2$ 论文

一、因式分解常见方法

提取公因式法、乘法公式法、十字相乘法、分组分解法、拆项添项法等。

二、分析问题

直接运用提取公因式法、乘法公式法以及十字相乘法、试根法是行不通的，因此要用分组分解法以及拆项添项法。因此，有三个方法。

● 方法一：拆项、添项后直接使用公式，分为两种情况：

情况一：利用"杨辉三角"可以得到完全五次方和公式：

$$(x+1)^5=x^5+5x^4+10x^3+10x^2+5x+1$$

得到原式 $=(x+1)^5-4x^4-10x^3-9x^2-4x+1$，不便于计算，暂时舍去。

情况二：立方和公式：原式 $=x^2(x^3+1)+x(x^3+1)+2$，舍去。

● 方法二：添上负项后因式分解：又分为两种情况：

情况一：完全五次方差公式，同方法一，暂时舍去。

情况二：立方差公式：

$$x^5-x^2+x^4-x+2x^2+2x+2$$
$$=x^2(x^3-1)+x(x^3-1)+2(x^2+x+1)$$
$$=x^2(x-1)(x^2+x+1)+x(x-1)(x^2+x+1)+2(x^2+x+1)$$
$$=(x^2+x+1)(x^3-x+2)$$

● 方法三：用待定系数法设出分解：

情况一：

$$(x^3+ax+1)(x^2+bx+2)$$
$$=x^5+bx^4+(2+a)x^3+(ab+1)x^2+(2a+b)x+2$$

$$\therefore \begin{cases} b = 1 \\ a + 2 = 0 \\ ab + 1 = 0 \\ 2a + b = 1 \end{cases} \quad \therefore a, b \text{ 不存在}$$

情况二：

$$(x^3 + ax + 2)(x^2 + bx + 1)$$
$$= x^5 + bx^4 + (1 + a)x^3 + (ab + 2)x^2 + (a + 2b)x + 2$$

$$\therefore \begin{cases} b = 1 \\ a + 1 = 0 \\ ab + 2 = 1 \\ a + 2b = 1 \end{cases} \quad \therefore \begin{cases} a = -1 \\ b = 1 \end{cases}$$

综上，我们可以得到 $x^5 + x^4 + x^2 + x + 2 = (x^2 + x + 1)(x^3 - x + 2)$。

三、验证是否分解到底

（1）验证 $x^2 + x + 1$ 是否因式分解到底：

$\Delta = 1^2 - 4 = -3 < 0$，所以 $x^2 + x + 1$ 已经分解到底。

（2）$x^3 - x + 2$ 不知道是否可以继续分解，因此利用几何画板作函数图像：

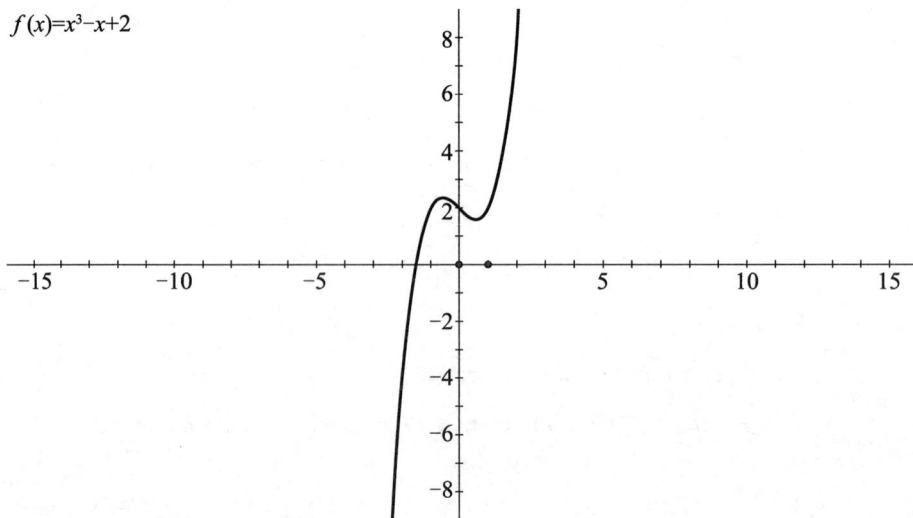

$f(x) = x^3 - x + 2$

我们发现这个三次项有一个根，但主要问题就是把它用根式的形式表现出来。

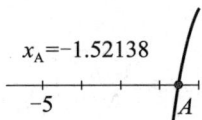

这时需要一元三次方程求根公式，所以我们在网上把一元三次方程的求根公式找出来，然后代入计算。因为原式太复杂，而 $x^3 - x + 2$ 中又没有二次项（$b = 0$），故将简化后公式给出：

$$x = \sqrt[3]{-\frac{d}{2a} + \sqrt{\left(\frac{d}{2a}\right)^2 + \left(\frac{c}{3a}\right)^3}}$$

$$+ \sqrt[3]{-\frac{d}{2a} - \sqrt{\left(\frac{d}{2a}\right)^2 + \left(\frac{c}{3a}\right)^3}}$$

原式中 $a = 1$，$c = -1$，$d = 2$，所以 $x = \sqrt[3]{-1 + \frac{\sqrt{78}}{9}} + \sqrt[3]{-1 - \frac{\sqrt{78}}{9}}$。

此时我们得到了方程 $x^3 - x - 2 = 0$ 的一个根，所以将它因式分解后其中一个因式是 $\left[x - \left(\sqrt[3]{-1 + \frac{\sqrt{78}}{9}} + \sqrt[3]{-1 - \frac{\sqrt{78}}{9}} \right) \right]$。

接着用待定系数法来解决，方便起见，设为 $\sqrt[3]{-1 + \frac{\sqrt{78}}{9}} + \sqrt[3]{-1 - \frac{\sqrt{78}}{9}} = m$，另一个二次三项式的一次项系数为 n。

$x^3 - x + 2$

$= (x - m)(x^2 + nx + \frac{2}{m})$

$= x^3 + (n - m)x^2 + (\frac{2}{m} - mn)x - 2$

∵ $n - m = 0$

∴ $m = n$

经过验证，将 $m=n$ 代进 $\dfrac{2}{m}-mn=-1$ 中也成立。

综上，因式分解 $x^5+x^4+x^2+x+2$ 的结果是：

$$(x^2+x+1)\left[x-\left(\sqrt[3]{-1+\frac{\sqrt{78}}{9}}+\sqrt[3]{-1-\frac{\sqrt{78}}{9}}\right)\right]\left[x^2+\right.$$

$$\left(\sqrt[3]{-1+\frac{\sqrt{78}}{9}}+\sqrt[3]{-1-\frac{\sqrt{78}}{9}}\right)x+$$

$$\left.\frac{2}{\sqrt[3]{-1+\frac{\sqrt{78}}{9}}+\sqrt[3]{-1-\frac{\sqrt{78}}{9}}}\right]$$

虽然在过程中难免有小的纰漏和不严谨，但学生的学习能力让我感到震撼。因为我只是教给孩子们方程与代数式之间的基本关联，教给孩子们可以设未知数解决问题，只是在他们研究不下去的时候给过一些建议，而他们并没有学过函数的知识，全靠孩子们在课下自学，这不正是课堂学习的延续吗？或许，数学的浸润式教育也应该体现在这里。

数学组
冯　娜

敬佩荆轲的孩子

每个孩子都引起我的兴趣，总想知道，他的主要精力倾注在什么上面，他最关心和最感兴趣的是什么，他有哪些快乐和痛苦等。我的小朋友圈子一天天扩大，并且像我以后才意识到的那样，连我不曾教过课的那些孩子也成了我的朋友和受我教育的了。

——苏霍姆林斯基

我是一名初中历史教师。在我的课堂上发生过很多故事，但记忆最深刻让我很久不能忘怀的却是这样一个故事。

初一学生学习的是中国古代史，我常常在学习完这段历史之后专门上一节以学生为主导的课。我让同学们讲讲自己最喜欢的历史人物，并说说理由。很多同学说喜欢秦始皇、武则天等功成名就的伟大人物，我想这也非常符合这些"90后"优秀学生的个性，从小在优秀与夸奖中长大，不免有些小小的自负。拿历史人物作为自己的人生楷模，也不失为一种进取心的表现。

这时候，轮到一个叫张睿恺的孩子了。他用嘶哑的声音说："我喜欢荆轲。"大家都有点意外。荆轲是战国末年燕国的刺客，去刺杀秦王嬴政但悲壮地失败了。他怎么会喜欢一个失败的刺客呢？

我问他理由是什么？他的回答是，荆轲是为了报答燕国太子丹的知遇之恩而冒险赴秦国刺杀嬴政的，他明明知道不管刺杀成功与否，自己都会被杀死，但还是义无反顾地去了秦国，荆轲这种为了报恩而不顾自己安危的大无畏精神让他感动。

说实话，这样的回答已经让我吃惊了。要知道，现在这个年龄段的孩

子哪个不是小皇帝、小公主？除非老师家长努力地灌输些感恩的观念，他们哪会自己生出感恩的心态呢？而灌输的感恩观念往往在残酷的现实面前不堪一击。我越发想了解这个佩服荆轲的孩子有什么特殊的成长历程。我想这大概和他独特的人生经历有关吧，因为他是个聋哑学生，听力丧失80%，平时上课基本上靠读老师的唇语来理解知识。

果然不出所料，跟班主任沟通后我才知道这个孩子是先天性的聋哑，小学三年级前一直在聋哑学校学习。但是，他的母亲非常坚强，一直在帮助他做康复。后来，他植入了一个人工耳蜗，听力恢复了一些。加上他从小爱看书，勤奋好学，智力早就在聋哑学校超越同龄人了。在很多好心人的帮助之下，这个孩子转入我校正常班学习。每位老师都帮助他，上课时将他安排在第一排的位置，尽量说最标准的普通话，为的就是他能够更清楚地读唇语，理解老师的讲授内容。

通过了解，我知道了他的故事，也明白了他喜欢、佩服荆轲的原因。历史学习总是有学习者的人生经历和体味掺杂其中的。不同的人由于不同的人生感悟而对历史人物有不同的认识视角。在今后的课堂中，要更重视学生的视角，注重从心理学角度去进行历史教学。这就是我从这个课堂小故事中得到的启示。

教育家苏霍姆林斯基曾经讲过这样一段话，他说："每个孩子都引起我的兴趣，总想知道，他的主要精力倾注在什么上面，他最关心和最感兴趣的是什么，他有哪些快乐和痛苦等。我的小朋友圈子一天天扩大，并且像我以后才意识到的那样，连我不曾教过课的那些孩子也成了我的朋友和受我教育的了。"曾经有一个春天，苏霍姆林斯基和他的学生共同买了一条小木船，划到一个荒无人烟的小岛上去探险。他写道："可能有人会想，作者想借这些事例来炫耀自己特别关心孩子。不对。买船出于我想给孩子们带来快乐，而孩子们的快乐，对于我就是最大的幸福。"

历史组
王艳香

以挑战性问题，促学科能力发展

> 我越来越深刻地认识到：留给学生一些具有挑战性的问题，为孩子们搭建学科发展的平台，让他们敢于提出自己的观点，敢于质疑，敢于创造，我们国家的明天才更有希望。

作为一名 2003 年从外校调入八中的老师，一进入这个温暖的大家庭，我就深深地感受到这个集体有它突出的特点：这里教学、工作的氛围很好，在教育教学工作中最显著的特点是一切为了学生，为了学生一生的发展。进入八中，学生会首先感到的是八中老师们用真心在爱他们，在引导他们成长，让他们在中学时代真正学会做人、学会求知、学会办事、学会健体。老师们对学生的要求从来不是急功近利的，而是从孩子们的长远发展考虑，让他们有货真价实的收获。

八中一直提倡"向课堂 40 分钟要效率"，所有教师都精心备课，科学设计教学环节，反复推敲每一节课、每一道例题和每一次作业题。所以我们从来不采用题海战术，为了学生们不"下海"，老师们就"下海"了，精选例题，耐心讲解思路，真正教给学生思想、方法，做到"授之以渔"。经过几代八中人的努力，北京八中"出优秀毕业生、出优秀教师、出先进办学经验和理论"的办学目标正在实现。

八中，是首批北京市示范高中之一。自 1985 年起设立了超常儿童教育实验班后，在对超常儿童的教育方面积累了丰富的经验，在全市乃至全国范围内都享有较高的声誉。从 2010 年以来，八中又开始素质试验班招生，继续在对智力优秀的儿童、超常儿童的教育方面应用已有经验和进一步积累经验，致力于使四年级的孩子在七年时间内完成小学、初中、高中共八

年的课程并参加高考。从素质试验班创建开始，我已经在素质班工作了四年时间，这四年里，我跟孩子们一起成长，从最初的心怀忐忑地"摸着石头过河"到现在对需要引导学生学会什么了然于胸。

在学生学过命题，知道命题分为真命题和假命题后，我问学生："是否存在一些命题，目前既不能举出反例说明它是假命题，也不能证明它一定成立？"有学生回答："真命题就是正确的命题，也就是如果命题的题设成立，那么结论一定成立的命题。它要么是公理，要么能进行证明；而假命题是条件和结果相矛盾的命题，就是您要求我们举出反例证明它不成立的命题。所以一个命题不是真命题就是假命题，所以我认为不存在非真、非假的命题。"他说得很有道理，但立刻就有学生发现了他的问题："老师问的是'目前'不能判断的！所以我认为有。"

接着我向学生介绍，存在一些命题，目前既不能判断它是真命题，也不能判断它是假命题，这样的命题，我们称为"猜想"，然后向他们介绍了几个重要的数学猜想：哥德巴赫猜想、费马猜想、叙拉古猜想等，并讲述其背景知识，学生们听得津津有味，很有兴致。我着重介绍了哥德巴赫猜想："那是在 1742 年哥德巴赫给欧拉的信中提出的一个猜想：任一大于 2 的整数都可写成三个质数之和。因为现今数学界已经不使用'1 也是素数'这个约定，所以原来的猜想现在陈述为：任一大于 5 的整数都可写成三个质数之和。"我还特意介绍了我国著名数学家陈景润与这个猜想的故事，告诉孩子们"自然科学的皇后是数学，数学的皇冠是数论。哥德巴赫猜想，则是皇冠上的明珠"，由于陈景润的努力，人类离这个猜想的被证明只有一步之遥了，我希望某一位同学或某几位同学，将来能独立证明或合作证明哥德巴赫猜想，真正摘取到这颗数学皇冠上的明珠。

而后我在课堂上插入了 2012 年人民网上的一个题为《22 岁大学生破解"西塔潘猜想"成为教授级研究员》的新闻：

2010 年，中南大学数学科学与计算技术学院大三学生刘路（又名刘嘉忆），在暑期第一次接触数理逻辑反推数学中的拉姆齐二染色定理，对 1995 年由英国数理逻辑学家西塔潘提出的关于拉姆齐二染色定理证明强度的猜想（即"西塔潘猜想"）产生了浓厚兴趣。同年10月，他证明出西塔潘猜想，该结果发表在数理逻辑领域国际权威杂志《符号逻辑期刊》，引起国际数理逻辑界强烈反响，被认为是"促进了反推数学和计算性理论方面研究的重要结果"。刘路还应邀在美国芝加哥大学数理逻辑学术会议上作报告，成为该届会议上亚洲高校唯一参与者。

因破解国际数学难题"西塔潘猜想"而震惊国际数理逻辑界的该校学生刘路，将获得100万元奖励。与此同时，年仅22岁的他被中南大学破格聘任为教授级研究员，并被推荐参与国家"青年千人计划"评选。

利用这则新闻，我希望能鼓励学生敢于挑战，敢于尝试着去证明猜想，并敢于说出自己的猜想，因为这并没有想象的那么困难，那么遥不可及。

当天中午，就有不少孩子来找我，号称自己已经证出课上提到的叙拉古猜想，我用心倾听他们的证明方法，孩子们最开始那几步，还真不错，可没多久就听出了问题，我假装自己不明白，不时地问他们从上一步到下一步是为什么，引导他们不断质疑，不断深入思考，尽量让他们自己找到证明中的漏洞，当小家伙们最后有点沮丧地说"唉，没证出来"时，我又赶紧对他们的前几步进行肯定，鼓励他们研究并解决掉"漏洞"，继续对这个问题进行更深入的探讨。

那之后的很长一段时间，几乎每天课间或中午，都有学生来找我，说出自己对我课上介绍的猜想的"证明"以及他们自己种类繁多的"猜想"。其中有很多"猜想"或很快或经过一小段时间就被孩子们小组合作证明是错误的，也有的"猜想"就是把已经有过的简单结论莫名其妙地复杂化了，说实话，真正有价值的"猜想"几乎都还没有露面，但我相信，整个过程孩子们一定得到了自己的收获。我给自己的任务是：在研究学生们种类繁多的猜想的过程中，努力发现其中的闪光点，及时给学生反馈和鼓励。虽然我累得够呛，但我认为这种辛苦非常值得。给学生们留具有挑战

性的问题，为学生们搭建学科发展的平台，真心希望他们都能得到更好的发展！

数学组
何英姿

点燃数学的烛火

学生在理解概念的本质，弄清概念间的区别与联系的过程中，记准概念，并灵活运用到解题中，不断提高解题的能力，获得数学学习的成就感。看着学生们找到了学习数学的方法，我从心里快乐着！

爱因斯坦曾说："热爱是最好的老师。"但是在奥数流行的当下，真正热爱数学的孩子并不多。甚至有的孩子在小学阶段就有学数学学伤了的感觉。长期以来，由于受应试教育的影响，不少老师在数学教学中重解题、轻概念，造成数学概念与解题脱节。有些老师仅将数学概念看作一个名词，并没有认识到如函数等概念，其本质是一种数学观念，是一种处理问题的数学方法。如果一个新概念仓促讲完后，就似完成了它的历史使命，剩下的时间就是赶紧讲解习题的话，学生在概念含糊不清、一知半解中运用概念，会严重影响学生的解题质量，最终打击学生学习数学的信心，而使有的孩子觉得自己永远学不会数学。

她曾是我任教的班级中的一个女学生，高高的个子、清秀的外表，是一个人见人爱的小姑娘。刚接触她时，感觉她特别想学好数学。假期里她在外面上过辅导班，对一些新知识做过预习。上课时，每讲一个新知识点，她都特别想说，但是每次都说错。渐渐地我发现，在她热情的背后，是对知识的一知半解，许多的数学概念没有学明白。课下我找她谈话，她说："老师，我特别想学好数学，可是不知为什么，我觉得自己花了很多功夫，就是学不好，您说，我是不是不适合学数学？"看着她一脸委屈的样子，我也很心疼。我一方面肯定她学习的热情，同时指出她学习中的问题。

在课堂教学中，我注意引领学生学懂一个个数学概念，也特别关注她对数学概念的学习。比如在初一有一章：整式的乘法。其中一节"乘法公式"。公式（1）平方差公式：$(a+b)(a-b)=a^2-b^2$；（2）完全平方公式：$(a+b)^2=a^2+2ab+b^2$；$(a-b)^2=a^2-2ab+b^2$。这几个公式看似简单，但是学生真正掌握起来困难很多，甚至有的学生会学晕了。在教学中我从如下几个方面进行公式的教学：

一、挖掘公式内涵，认清公式结构

比如平方差公式，等号左边为两个数的和乘以两个数的差，其中两个数的和不必关心两个数的前后顺序，因为 $a+b=b+a$；但是两个数的差，就必须弄清楚是哪两个数的差，即谁是被减数，谁是减数。等号右边是两个数平方的差，此时应根据左边的规律，来认识右边是谁与谁的差。

二、精设习题，引导学生灵活应用公式

此公式中字母的含义非常丰富。它们可以表示具体的数字，也可以表示单项式，还可以表示多项式，今后随着知识的丰富，还可以表示分式与根式。因此在理解公式结构的基础上就需要学生能准确识别。此时在教学中我分两部走：识别，计算。

例 判断下列各式能否使用平方差公式计算：

1. $(100+99)(100-99)$ 2. $(a^2b-ab^2)(a^2b+ab^2)$

3. $(-a+b)(a-b)$ 4. $(a+b-c)(a-b+c)$

5. $(a-b-c)(b+c-a)$

在一次次的识别中，学生认准哪些能，哪些不能，可以使用公式时，学生不断辨析谁相当于公式中的 a，谁相当于公式中的 b。

三、恰当类比，区分公式间的异同

在学习完全平方公式时，学生经常爱犯"想当然"的错误。误认为 $(a+b)^2=a^2+b^2$；$(a-b)^2=a^2-b^2$。因此在教学之初，我引导学生观察，$(a+b)^2$ 可以利用整式乘法的什么法则计算。学生发现可以利用多项式

乘以多项式的法则计算。我让学生利用法则计算 $(a+b)^2$ 和 $(a-b)^2$，让学生先得到正确答案。再类比平方差公式的研究方法，归纳公式的结构特征，找出记忆规律，认识字母含义。最后同学间相互出题，检验公式的掌握情况。

四、知识的升华

学生通过乘法公式的学习、运用后发现，两个公式实质提供了整式乘法的一种简便方法。与我们在学习有理数运算时，用乘法交换律、结合律、分配律进行巧算的本质是一样的。进而从另一个角度理解了数式相通的道理。此时我适时地告诉学生，今后我们会在因式分解、二次函数，以至高中的不等式证明中再见到它们，只是认识的角度不同。这几个公式是中学代数的经典公式，从而引起学生的重视，也激发学生学好它们的信心。

渐渐地，她在课堂上抢答的次数减少了，但是每次看到她，总能看到她专注听讲的眼神。同时她课堂发言的准确率在不断提高。初一下学期，她的数学成绩已经开始进步，从最初 50～60 分，上升到 60～70 分。期中后我们安排基础差学生补课，没有她参加，但是她每次都将讲义要走，即使概念默写她也认真完成。初一下学期，大大小小十几次考试中，她消灭了不及格，期末参加西城区统考，她考了 80 分。此时她对自己的数学学习已信心满满！看着她的成绩，我感叹，这还是那个让我觉得脑子一团糨糊的学生吗？

每个学科不同，每个学科的学习方法也不同。比如文科老师平日教学中比较重视学生的预习。有经验的老师常会指导学生具体的预习步骤。我曾听一位文科老师说："不预习，怎么能进入'课堂'？"而初中数学每节课的概念不多，数学文字比较抽象。因此在数学学习中我们首先要求学生重视课堂的听讲。有些学生误认为数学概念书上都写着，可以不听，只要听清解题方法便好。岂不知数学概念是构建数学理论大厦的基石，是导出数学定理和数学法则的逻辑基础，是提高解题能力的基础。因此，往往在数学的起始课，我就和孩子们交流如何学习、学好数学的问题。我会用一

个个实例告诉学生学习数学概念的重要性。在概念课的讲授中我注意帮助学生挖掘每一个定义、公式、定理背后的含义。

除了在课堂教学中重视数学概念的教学。在学生课下复习中，我也强调概念复习的重要。每章新知识学完，我都要求学生完成章节总结。如果说日常教学似一颗颗珠子，那么章节总结似一条丝线，将它们串在一起。章节总结不仅是平常知识的回顾，同时结合日常习题，可对易错概念进行梳理。

在坚持与实践的过程中，我看到了一个个学生学习数学状态的改变。我常想，实验班、素质班的学生，常用他们敏捷的思维点燃老师智慧的火花，让教师获得职业的幸福感；而基础薄弱的学生，常需要教师用恰当的教学方法点燃他们学习的热情，当看到学生对一门学科发生学习态度的转变时，同样能给教师带来职业的幸福感！

学生在理解概念的本质，弄清概念间的区别与联系的过程中，记准概念，并灵活运用到解题中，不断提高解题的能力，获得数学学习的成就感。看着学生们找到了学习数学的方法，我从心里快乐着！

数学组
王　悦

托尔斯泰的脸与中国写意画

其实，对于任何一篇文章来说，可探究的内容还有很多，这其中包含哲学、美学、社会学等诸多层面的东西，但这所有探究的根基建立在对文本内容的理解、感悟的基础之上。学生在深读阶段能产生思索，是真正阅读的开始，有思考的阅读、有思想的阅读，才是语文课堂上弥足珍贵的东西。

《列夫·托尔斯泰》教学案例

人教版八年级语文（上）《列夫·托尔斯泰》一文选自奥地利作家茨威格所著的《三作家》。入选教材的部分共有九个自然段，是对托尔斯泰的肖像描写。数千字的描写都着力于托尔斯泰的面部，可谓极尽描摹。读此文常常让人联想到《安娜·卡列尼娜》《战争与和平》等一系列西方小说，这些小说中通常都会有如此大段的肖像、景物、心理描写。课堂上我带着学生正潜心体会作者对于托尔斯泰细致入微的肖像描写，忽然此时脑海中涌现了十个字：卧蚕眉，丹凤眼，面如重枣，这是《三国演义》中对关羽的描写，也是每个中国人都共知的文化符号。于是，我信手拈来让学生体会中国传统文学中对人物描写的传神之笔以及中西方文学作品中人物描写之不同。茨威格写托尔斯泰极尽笔墨，写作功底确实非同一般；罗贯中写关羽只用十个字，却也让人印象深刻。那一节课生成的内容颇为丰富，不仅和学生一起体会了托尔斯泰的形象、关羽的面容，而且随机想到了《红楼梦》中曹雪芹对黛玉的描写，作者形容她是"娴静时若姣花照

水，行动处如弱柳扶风"。几多娇弱跃然纸上，我们不知道黛玉的身高、体重，也不知道黛玉的脸庞、眉眼，但只这一句传神的描写，就足以表现其内在的气韵与外在的风度。

临下课时，仍感意犹未尽，课堂上学生热情的参与、积极的讨论让人回味，更引人思考：为什么中西方在文学创作中有着如此鲜明的对照，会呈现如此不同的艺术效果。于是下课时，我给学生留了一个探究性作业：试以典型的文学形象为例，比较中西方文学创作中审美追求的异同。

给学生布置作业之后，我也投入积极的思索之中。由人及物，还联想到中国的写意画与西方的油画，中国的写意画寥寥数笔，留白甚多，但意境深远，画中有诗；而西方的油画，多次着色，用以表现光线与明暗的不同，这正恰如今天在课堂上，和学生共同讨论过的中国传统文学与西方文学中对于人物刻画之不同。由此，我们大致可以感受到，中国的古典艺术往往是通过意境和想象来完成对美的表达。写意与写实，构成了中西方文化表达的不同境界，一个是寥寥数笔、简约传神，一个是竭尽笔墨、力求生动，完全是不同的艺术视角，不同的表现理念，也许还深存着不同的民族文化习惯。

再次回到课堂上，同学们的讨论更丰富了，很多同学都回顾了自己的阅读经历，《红楼梦》《水浒传》《安娜·卡列尼娜》……甚至明清散文，皆是同学们列举的样本。同学们畅所欲言之后，我也在PPT上呈现了自己的探究结果："中国古典艺术重在表现，而西方艺术重在再现。中国古典艺术受传统儒家、道家等思想影响，特别是道家的重'心'略'物'，将天人之间的灵犀相通视为创作的最高境界，而西方艺术受西方宗教的影响，认为艺术家对于外在美准确、完美的体现是对于上帝的忠诚与奉献。基于这样的美学思想的差异，中西方艺术才呈现出不同的美学价值。"

当我读到这里的时候，同学们纷纷点头以示赞同。但是，我又接着说："一篇节选的文章，我们全班同学一起竟然生发了这么多内容，有了这么精彩的碰撞和交流，你们真的很深刻，从中我们有了深入的思考，这就是文学的魅力，这也是文化的力量！我们读书，就是要读得进去，读得出来，能潜在里面读，也能站在高处读。这样的读书才有意趣，才是真正的阅读。"

案例分析及反思

这是一节外国文学作品的欣赏课，更是一节中西方文学作品审美差异的比较课，以外国小说中的肖像描写为切入点，由此引出对于中西方文化传统的差异探究。

茨威格是如何将列夫·托尔斯泰刻画得如此栩栩如生的？中国古典文学中又如何对人物有着传神简洁的勾画？诸如美术与文学，在艺术范畴之中有着怎样的相通之处？中西方不同的美学追求表达了怎样不同的美学观点？……这些问题引导着我和学生们在其中探幽寻胜，乐此不疲。

而越往下探究，就越觉得文学的深入、美学的深入与哲学密不可分，这其中似乎还有更幽深、更玄妙之处向我们招手，等待我们去品味、去探究。

语文组
刘 艳

让学生爱上语文

> 我无法企盼每个学生都能把语文学得非常棒，但通过我想方设法地影响，能使我的学生有一种在生活和学习中自主地吸纳语言文化的习惯，我相信，他们将终生受益。

教中学语文多年，我深深体会到：语文学科具有深厚蕴藉的人文特征、强烈的感召力，具备得天独厚的塑造人的精神这一突出的功能。它影响人的思想感情、情操意志、品性爱好、禀赋性格、才能气质等多个方面。每一节语文课，都应该向人的精神上着意，都应该鲜活有生命。让学生爱上语文，是每个语文教师的重要责任。

亲其师，才能信其道。教师除了不断地增加学养，提升个人魅力外，还要在教学上想办法，让学生爱上语文。以下六点，是我常用的一些还算有效的方法套路，完全一己拙见。

一、朗读课文，人人有责

朗读是语文教师的基本功，某些时候孩子们的朗读水平不够，很难将文字的情感呈现出来，所以需要教师示范朗读。教师的范读有很多好处，既强调了正确的读音，又能用饱满的感情将学生迅速带入情境。但是，教师总是示范读，表演欲会在学生的心中有意无意地被强化。学生能力的提高，才是教育的目的。为了调动学生的积极性，我试着改变了一下方法，在每学期学生刚拿到新书的时候，就把书中的所有现代文篇目写在一张张小纸签上，让每个同学都来抽签，抽到哪篇课文，讲到那篇课文时该同学就负责朗读，不能读错字，而且要依据文体特点调整感情，朗读的方式自己决定。我制定朗读评分表，让学生们当评委，进行综合打分，最终评出优胜等级，记入成绩册。这样，学生们就有很充足的时间来准备，他们主动翻阅词典扫除字词障碍，抽到同一篇课文的几个同学分工协作。形式也是丰富多样的：诗歌多是配乐朗诵；小说大多分角色朗读，或排成课本剧演出来；说明文体多用自制和搜集到的资料展示出来辅助朗读；等等。课文朗读"包产到户"，使得学生的热情被大大激发起来，每讲一篇新课，朗读课文这一环节都是最让学生兴奋的。

二、背诵默写，互查评优

在开学初，我把本册书要求背诵的段落篇章提前规划出来，绘制成评分表，把全班同学分成 6～7 个小组，选出组长，每个组长拿一张评分表，各小组长由我负责单独检查，必须先于组员完成任务。之后，组员随时可以到组长那里背诵并默写自己已会的篇目，准确无误了方可由组长打分并记录下来。最早完成所有任务的小组成员增加平时成绩并颁发奖品。背诵默写在历次考试中总有不少学生失误丢分，其实就是熟练和仔细的问题，以往总是教师督促检查，学生不情愿地背诵，收效甚微。自从用了这种方法，卷面默写题的得分率明显提高。

三、音像手段，合理运用

在平时的教学中，我尽量自己制作课件，能用多种方式上课，就不用一张嘴、一本书、一根粉笔讲半天的传统样式。投影、视频这些现代化的多媒体手段，具有传统教学所不能比拟的好处，有声有色，生动多样的内容，更能吸引学生的注意力。

拿冰心先生的《观舞记》一文为例。冰心文学功底深厚，驾驭文字的技巧娴熟，她用丰富的语言描绘了印度卡拉玛姐妹优美的舞蹈表演，再现了印度舞独特的魅力。为了让学生更好地理解课文，我多方面查找，虽没有找卡拉玛姐妹表演的资料，但找到了一段非常地道的印度女子舞蹈表演的视频。在播放时，印度特有的音乐风格、舞蹈样式，深深吸引了学生们，直观的视觉刺激，使得学生更容易理解冰心在文中所写的内容：拥有

长眉和妙目的秀丽面庞；细碎的舞步，繁响的铃声，轻云般慢移，旋风般急转的缤纷舞姿；时而双眉颦蹙，笑颊粲然，时而侧身垂睫，张目嗔视的传神表情。接着，我选取了一首极其悠扬的乐曲，进行了课文的配乐范读，让学生在聆听的同时，体会文字的美，展开想象的翅膀，感受舞蹈的魅力。之后，我又给学生播放了不同风格的舞蹈片段，如安塞腰鼓、孔雀舞、俄罗斯舞等，让他们借鉴冰心的语言特点，试着写出看到的舞蹈。学生们跃跃欲试，用不同的句式、不同的修辞写出了很不错的片段。

四、随笔感悟，每周一文

语文课标中要求，作文每学年一般不少于14次，其他练笔不少于1万字。除了平时的单元作文、测验作文外，我有意识地加大了随笔的量。我要求随笔必须自己真实创作，绝不允许抄袭。自拟标题，写人记事、写景状物、游记书评等内容不限，不低于800字。我让学生每人准备一个大的笔记本，每星期一交一篇随笔。我批改后会给每个孩子写一段评语，不仅评价文章写得如何，还要针对孩子的特点，写些朴实贴切的激励性的语言。然后，把写得好的随笔在班中朗读分享。美国心理学家詹姆士曾说过："人类本质中最殷切的要求是渴望被肯定。"孩子们都喜欢自己的随笔被选中分享，每周都在题材和文采上花心思，这大大调动了孩子们的写作积极性。

五、名言警句，每日一条

名言警句是人们在实践中的经验教训的提炼和总结，是历史文化精华的积淀。让学生多记住些名言，不仅对他们的学习生活有重要的指导意义和警戒作用，还能潜移默化地影响他们的写作。于是，我让学习委员在黑板上方的边界留出固定的位置，每天抄写一条积极励志的名言警句，同时让每个孩子准备一个积累本，把每天不同的名言记录下来，经常阅读，加深记忆，写作文时，恰到好处地运用到文章中。德国教育家第斯多惠说过："任何真正的教学不仅是提供知识，而是予学生以教育。"我认为，教育的手段多种多样，而语文学科最能够借助文字，对学生的人生观进行渗透和感染。

六、大量阅读，广泛涉猎

每学期初，我都会给学生推荐一些书目，建议他们阅读，包括中外名家名篇以及当今畅销作品。孩子们要在我制定的阅读调查表上填写阅读情况，然后选定一本喜欢的书，自己制作 PPT，包括作者简介、内容梗概、优美文段、阅读感悟等方面的内容。利用语文课前五分钟，拿来在班上和同学们分享交流，同时让同学评价打分。期末，选出表现最佳的同学，颁发奖品鼓励。很多家长非常赞同我的这一做法，孩子们在家捧书静读的场面，真的让家长心生喜悦。

孔子曾经说过："知之者不如好之者，好之者不如乐之者。"兴趣是最好的老师，教师的任务就是调动学生的兴趣和内趋力，让学生更加主动深入地学习。

语文组
王雅竹

有真情才会有佳作

若把文章比作一株植物，那情感就是它的根。

故事背景

　　初一的第一次作文，我给学生布置了一个作文题《童趣》。这本是一篇课文的题目，课文中，小作者写了自己童年时观蚊成鹤、神游山林、鞭打蛤蟆三件趣事，我认为很符合初中孩子的特点，就作为了本次作文的题目。本以为是一个很容易的作文题，却遭到了学生们的抱怨："真是没有什么有趣的事情。"我很诧异，童年的生活丰富多彩，因为少不更事，会闹出多少有趣的事情啊。我找了一个自说不会写作文，没有事情可写的学生，让他跟我说说他认为什么事情最有趣。他马上说了几个，但立刻又否定了，跟我说立意不高。他头头是道地对我说："其实，我觉得最有趣的一件事就是：小时候，自己看了电视，特想当英雄，就用妈妈的化妆品把自己的脸涂成关羽的样子，然后拿着武器跑出去行侠仗义，还真帮一个小女孩赶走了一条大狗，这件事到现在想起来，我还会不由自主地乐一乐，可是如果写出来，显得太幼稚了，思想也不高，老师不会喜欢。"我惊叹：刚入学的孩子就能知道要"投老师所好"，也知道了学生所谓的没有可写，是不敢写无意义的事情。我跟他说："这的确是件有趣的事，完全可以写在作文中。"他很惊异，问我："可以吗？"我说："可以。不要害怕自己的作文幼稚、片面、肤浅，当你认为这件事情是符合题意的，又是你自己感受最深的，就可以写，而且写出来一定会比你编的文章好。"他马上在我办公室写了一篇，文章虽不是很有文采，但感情真挚，比他为了让老师高兴而胡编的文章好多了。我告诉他："写文章，最重要的是自己的感情。当你的文章能感动你，也才能感动老师，感动所有人，才是好文章。"

随后，我又针对他的文章告诉他，还有些方法能帮助他把文章写得更好。比如：

（1）抓住人物的语言、动作、心理、神态等进行具体描写，再现当时场景。

人的情感流露，往往是通过自身的语言、动作、心理、神态等表现出来的。例如，你怎么用妈妈化妆品描眉画眼，是小心翼翼，还是随意勾画？当时的心情，是紧张，是高兴？最后画成了什么样子？如果你能用自己的笔把这些一一再现出来，你的文章就会更具体。

（2）利用比喻将情感形象化。

在你写文章的时候，有些时候，觉得找不出合适的词语或句子来形容当时的感受或场景，不妨用个比喻。比喻能将看不见、摸不着的情感表达得形象、具体、生动。例如，你说自己是小心翼翼地描脸谱的，那小心成什么样子？能否用个比喻句，就像……你说自己开始的心情是紧张的，紧张得像什么？用些比喻句，会使文章更生动。

（3）利用景物描写去烘托。

有的时候，环境会跟人的心情同步。当我们快乐的时候，太阳高照，小鸟的叫声是那么悦耳动听；而当我们伤心时，天空也会阴沉着脸，小鸟的叫声更是聒噪不已。其实，小鸟不会唱歌，天空也不会哭泣，那是我们把自己的感情融入其中，所以，不妨借助景物描写去烘托你的感情。

（4）增加适当的抒情议论。

例如，当你帮助了那个小女孩，你的感受是什么？用抒情或议论的语言表现出来，会起到画龙点睛的作用。

我给他提了一些写作的方法，让他每次作文后都找我来面批。就这样，我们训练了一年，他从开始的及格作文步步提高，到初二上学期的期末，拿到了 35 分的高分，而他的成功，就是在作文中表达真情，把动情的地方细致地刻画出来。

最近一次作文的题目是《祈愿》，在我看过不少"祝愿我们伟大的祖国欣欣向荣、繁荣富强"的文章后，我发现了这样一篇文章。这篇文章的语言朴实无华，一些地方完全是小孩子的感受，但我却因为他的真情而感受到这篇作文的意义。我把原文附录到后面，也想以此来说明，"有情就会有美文"。

案例分析及反思

白居易曾在论诗的时候提过：根情，苗言，华声，实意。若把文章比作一株植物，那情感就是它的根。真情实感是作文的价值所在、魅力所在，但学生的作文中大量充斥着冠冕堂皇的大话、假话，胡编乱造，弄虚作假，为了不让自己的作文显得肤浅、幼稚而使劲挖掘深意，编造着"生死离别"的悲情故事，给人以千篇一律、矫揉造作之感。这种"失其本性"的文章当然不可能成为好文章，若要改变，那就要"我手写我心"，有真情才会有佳作。

追根溯源，联合国教科文组织在《教育——财富蕴藏其中》（1996）一书中提出：教育要让学生（1）"学会认知"：掌握认识的手段，理解知识，智力训练；（2）"学会做事"：从资格概念到能力概念；（3）"学会共同生活"：认识自己，发现他人，为实现共同目标而努力；（4）"学会生存"：自主性，判断力，个体责任感。这些方面都是在培养学生实实在在的能力，做人如此，作文也如此。

附录：

祈　愿

当我看到这么多令人眼花缭乱的作文题目时，其实我有很多话要说，但"祈愿"这两个字，这个简单的题目却让我一下子记住了它，于是我便执笔书下此文章，与看到考卷的老师，您，分享我那些"有趣"的愿望。

作为一名中学生，我同其他少年一样，也总喜欢憧憬些什么。然而，在这些愿望中有些是简单的、容易实现的；有些则是梦幻的，甚至过分奢望的。我可能是个单纯，也可能是个复杂的孩子，可这都是我真心的祈愿，请老师不要见笑……

我的祈愿一：我们一家人和谐、快乐、幸福，大家都身体健康。我最希望的是我们一家人不再争执，不再过不愉快有过节的生活。可能这在您看来是个再简单不过的愿望，可是在我们家，它却是个遥不可及的遐想……

我的祈愿二：期望世界上都是好人，大家都是善良的人，没有偷盗、抢劫。所有人在一个大家庭里，那些"鳏、寡、孤、独"的可怜的人都得到照顾，不再有露宿街头、街头卖艺的人。这个世界只有真爱、友谊，没有厌恶、憎恨，没有战争，所有人都特别幸福。

我的祈愿三：希望我的成绩可以提高，提高很多很多，嗯……一定要名列前茅，长大做个有用的人，成为对朋友亲人负责任的男子汉。

我的祈愿四：我可以长高些！至少现在要长到 1.75 米。将来呢，要长到 1.85 米以上。然后呢……要再帅气一点，嗯……哈哈，等长大了，回头率一定百分百！哈哈，耶……

说了这些祈愿，有的虚无缥缈，有的宏博伟大，最后还有一个祈愿要默默讲给一个人听，请老师不要责怪……

我的最后一个祈愿：期望我真心喜欢的女生可以和我一起努力学习，一起成长，一起进步，希望我们可以一直在一起……

嗯，这就是我所有的愿望，望成真……

语文组
陈 然

英语的力量

在英语课堂环环相扣的教学环节中，细节无处不在，从导入到听力训练，从讨论到阅读，再到课堂小组活动等，只有准确地把握、关注每一个细节，才能找到恰当的德育切入点，起到润物无声的良好效果。

引子

2012 年的一位初三毕业生在给我的留言中写道："英语为我打开了一扇宽阔的门，让我能有机会去体会这个世界，体会更多的美，体会包含在这世界上的爱与希望。"还有一位同学写道："英语也能给人一种力量，是文字与文化赐予的，曾给语文老师发过一条全英文的短信，也是觉得在英语的表达中，有不同于中文的特殊的魅力。"看到这些让我想起了那些和孩子们一起在语言学习中共同感受到的让我们的心灵不断升华的点滴小故事。

从良好的开端引向优秀的结果

在中学学习生活中，孩子们会经历无数次新的开始，初一新生的第一节英语课、每个新学期和新学年的第一节课、第一节写作课、第一节阅读课等。正如我告诉学生的一句谚语"A good beginning is half done"（良好的开端是成功的一半）一样，每一个第一次都会在孩子们的成长道路上留下印记，都会成为他们未来人生道路上的一块铺路石，因此，它们也是引导学生树立正确的人生观和世界观的最佳时机。南宋教育家朱熹认为一个人要求学，必须先"立志"，"立志不定，如何读书"。每个学期或学年的第一节课我常常会和孩子们一起在分析语义、感知语言美的同时，去领悟字里行间对人生的追求，对梦想的执着。

故事一： 在初一新生开学的第一节英语课上，我和孩子们分享了我最喜欢的一句话："Shoot for the moon. Even if you miss, you will land among the stars."我们一起讨论了句中关键词的意思，特别是"shoot"一词，用法灵活多变，学生们最熟悉的意思是"开枪、射击"。所以，很多同学翻译为"射月亮"，但是，很快大家就发现这种翻译不妥，通过不断的讨论和分析，最终得出了"shoot for"是"力争达到（某个目标）"（to try to achieve a particular thing）的意思。大家在感知语言的过程中，对句子进行了直译："力争去月球，即使错过，你也会落在群星之间。"然后我们将译文一次次改进，最后的译文是："立志奔月，纵然失之交臂，也得以与群星为伴。"在不断感知语言的过程中，孩子们感悟出了这句话背后真正的含义：志存高远，才能有所成就。当学生明白了目标的重要性之后，我再讲解初中英语的要求、小学和初中的区别等，学生听得非常认真，并从中感受到学习英语的乐趣、管窥英语的奥妙和深意。

故事二： 在初三下学期开学的第一节英语课上，我和学生分享了一首美国语文读本上的英文诗：

Try, try again;

It is a lesson you should heed,

Try, try again;

If at first you don't succeed,

Try, try again;

Then your courage should appear,

For, if you will persevere,

You will conquer, never fear,

Try, try again;

Once or twice though you should fail,

Try, try again;

If you would at last prevail,

Try，try again；

If you strive it is no disgrace，

Though we do not win the race，

What should you do in the case?

Try，try again；

If you find your task is hard，

Try，try again；

Time will bring you your reward，

Try，try again；

All that other folks can do，

Why with patience，should not you?

Only keep this rule in view，

Try，try again.

诗的大意：你应该记得，试试，再试试，如果第一次你没有成功，试试，再试试，如果坚持，你就会有勇气，你要征服，就不要害怕，试试，再试试；

虽然一次两次失败，试试，再试试，如果你取得最后胜利，试试，再试试，你去争取，这不是耻辱，尽管你没有赢得胜利，你应当怎么办？试试，再试试；

如果你觉得任务艰巨，试试，再试试，时间将会让你达到你的目标，试试，再试试；别人能达到的，只要有耐心，你也可以。

记住这条法则：试试，再试试。

在理解 persevere（坚持）、conquer（战胜）、prevail（克服）等词意思的过程中，学生不仅仅理解了这些单词字面的意思，更能体会到诗句背后的力量。大家最喜欢的一句是"Time will bring you your reward"（时间将会让你达到你的目标/时间将会带给你回报），在接下来的一个学期当中，这句话成了全班同学的座右铭，也成了孩子们作文中引用最多的句子。我想是因为他们面对初三，真正地用心去体会了，才会运用得那么准确和生

动。同样的句子也成为初三一年中孩子们不断坚持和鼓舞自己的动力
源泉。

细节的力量——润物细无声

在英语课堂环环相扣的教学环节中，细节无处不在，从导入到听力训
练，从讨论到阅读，再到课堂小组活动等，只有准确地把握、关注每一个
细节，才能找到恰当的德育切入点，起到润物无声的良好效果。

故事一：有一些细节是我在备课时就设计好的。初一上学期第四模块
健康食物话题的学习中，我和孩子们讨论了要想成功需要哪些精神食粮，
他们自然地就想到了：knowledge（知识）、hard work（努力）、opportu-
nity（机会）、perseverance（毅力）、luck（运气）、goal/dream（目标、梦
想）等，我让大家讨论并写下自己的看法和原因，最后大家认为最重要的
是 goal/dream（目标、梦想）、hard work（努力）、perseverance（毅力），
通过挖掘词义的深层内涵，孩子们对成功有了更深的理解。

故事二：另外一些细节是我们在课堂教学过程随时出现的，对这些细
节的准确把握和灵活恰当的处理往往更能起到意想不到的润物细无声的效
果，让学生留下更深刻的印象。在初一上学期第五模块第一单元 I love
history 谈论时间和课程表的学习中，最后由两个学生扮演来自两个不同班
级的学生谈论两个班的课程表（真实的课程表）。其中一组同学表演对话
的结尾是：

Steven：Why don't we have natural PE classes?（为什么我们没有自
然体育课?）

Andy：Sorry, I don't know.（对不起，我不知道。）

Steven：Oh, bye bye!（再见!）

这样的说话方式很生硬，丝毫不顾及对方的感受，没有礼貌。这虽然
是一个很小的细节，但是如果就此放过，学生会以为这样不顾及对方感受
的表达是可以的。事实上，在日常生活中，很多孩子说话时不会顾及对方
的感受，而是想到什么说什么。所以我们一起讨论了 Steven 最后应该如何
说，马上就有学生说："I hate you! I want to have natural PE classes!"

（我讨厌你，我也想上自然体育课！）我让大家用一个词来描述这位同学的说法，大家马上反应出"rude"（粗鲁的，不礼貌的），接着很多同学提出了自己觉得适合的回答，最后一致认为最好的下文是："Natural PE classes sound interesting. I hope we can have them，too."（自然体育课听起来很有意思，我希望我们也能上。）这个小细节中包含了学生从感知到感悟的语言理解过程，从中他们知道了要运用准确地道的语言，要尊重不同的语言文化，也明白了要以礼貌的方式来和人沟通。

结束语

下面的这段话引自美国语文教材，是我在孩子们初三最后一节英语课上送给他们的祝福：

Beautiful faces are they that wear

The light of a pleasant spirit there；

（美丽的面庞洋溢着令人愉悦的光辉）

Beautiful hands are they that do

Deeds that are noble good and true；

（美丽的双手做出高贵和真诚的善行）

Beautiful feet are they that go

Swiftly to lighten another's woe.

（美丽的双脚迅速减轻他人的痛苦，无所不至）

希望在我们的努力下，所有的学生都能成为"beautiful people"（美好的人），感悟并拥有美丽的人生。

外语组
常丽华

"牛人牛事"

——我教"牛顿第一定律的形成"

> 对于教学中的任何问题，都有很多值得挖掘、思考、深入的地方，以期把学生领入"物理世界"，体会"物理之美"，突出学科教学的德育属性、美育属性、方法属性等。

初中物理所讲知识较浅显，以现象、简要规律为主，这就使得很多同学产生误解——认为物理过于简单、只是背诵知识、早期物理学家"思维简单"。在引导学生学习牛顿第一定律时，这种问题尤其突出，很多同学对亚里士多德理论在当时被广泛接受表示出了不可理解，同时认为伽利略的斜面实验很简单，牛顿只是做了一些"总结性"工作。

为了扭转这种局面，我进行了全新的教学设计，突出"物理学史"与"物理学本质"。具体教学目标与设想如下：

（1）通过牛顿第一定律建立的过程，理解科学知识的暂定性。

对力与运动关系的思考自古以来就是人们关心的问题，它与人们日常生活联系密切。最早可追溯至古希腊时期，后经过伽利略、笛卡儿、牛顿等人的研究建立了牛顿第一定律，爱因斯坦相对论的建立又进一步发展了这一认识。

在初中阶段，需要简单介绍亚里士多德、伽利略和牛顿等科学家及其贡献。通过这一过程，帮助学生体会人们对力与运动关系认识的逐步深化，并最终建立牛顿第一定律的过程。

（2）通过伽利略对力与运动关系的研究，理解科学探究的过程和研究方法的多样性。

伽利略的研究是教材中强调的重点，现有教材一般只是演示伽利略的理想实验或让学生探究摩擦力对物体运动的影响，从而获得力与运动的基本关系，突出探究、科学方法。

首先，伽利略的研究过程基本是按照观察和提出问题、形成假设、检验求证、得出和解释结论的过程进行的，体现了科学探究的要素与过程。

其次，伽利略之所以对牛顿第一定律的建立做出重大贡献，主要源于其创立的科学研究方法，一般教材都非常重视科学方法教育——特别是实验和推理这两种重要方法，缺少科学本质视角的关注。对于同样的观察和经验，伽利略和亚里士多德给出的解释完全不同，这说明科学虽然以经验为基础，但不能拘泥于直观的经验，还非常重视逻辑推理。

此外，伽利略的理想实验法体现了科学研究的创造性特征。

（3）通过牛顿第一定律的形成和最终确立的过程，理解证据的重要性，并知道科学知识的可预测性。

伽利略对亚里士多德观点的质疑与研究过程，以及人们对力与运动关系认识的每一次发展都体现了证据在科学研究中的重要性，一个论断或解释的正确与否，都取决于实验的检验。

同时，在不能直接验证一个科学结论或论断的正确性时，可以通过对推论的检验或其解释功能间接验证其正确性，这体现了科学知识的可预测性。

在此思想基础上，进行教学设计与实施，先把一些主要环节加以呈现：

【活动1】讨论：维持物体的运动需要力吗？——体会证据的重要性。

提供体现力与运动关系的情景，如展示图片、视频：关闭发动机的列车会停下来；自由摆动的秋千会停下来；打出去的球会停下来。也可引导学生回忆生活中的体验，如骑车、踢球。

问题1：维持物体的运动需要力吗？

教师介绍亚里士多德的观点：如果要使一个物体持续运动，就必须对它施加力的作用。如果这个力被撤销，物体就会停止运动。

教师介绍伽利略的观点：物体的运动不需要力来维持。

问题 2：这两种观点你支持哪一个？为什么？

学生会举出各种例子来支持自己的观点。

在学生充分发表自己观点的前提下，教师说明伽利略对亚里士多德的质疑与提出的证据，并说明：在科学研究中证据的重要性，证据可以验证或质疑权威。

以学生日常生活经验为出发点创设问题情境，唤起学生已具备的感性经验，并激发他们对问题的思考，暴露学生关于力与运动关系的原有认识。介绍历史上亚里士多德与伽利略等人的观点，让学生为他们支持的观点进行辩护。

在现有教学中，这种处理基本上是人教版教材的处理方式，很多教师在教学中也会如此进行。但是，以往教学目的只在于引入新课，为学生认识运动与力的关系提供概念转变的情境，而本节课的设计还强调该环节对学生理解证据重要性的价值。

【活动 2】探究：摩擦力对物体运动的阻碍——认识科学探究过程与方法。

实验探究：比较小车沿斜面滑下，在毛巾、棉布、桌面、玻璃等不同表面上运动距离的关系。

教师引导学生进行逻辑推理，得出研究结论：表面越光滑，运动的距离就越远，所受摩擦力越小，速度减小得越慢；如果表面绝对光滑，物体受到的阻力为零，速度不会减慢，将以恒定不变的速度永远运动下去。

这一部分是学生通过探究过程，获得摩擦力对物体运动的阻碍关系的认识，在这一过程中学生通过直接的科学体验，可以进一步认识证据的重要性以及实验、逻辑推理的方法，初步体会到科学方法的多样性。

教师在此基础上介绍伽利略的理想实验和研究结论。

问题 3：研究伽利略的研究过程，其中用到了哪些科学方法？对于科学研究方法，你觉得有什么特点？

运用到的方法包括：实验、推理、联想。体现研究方法的多样性和科学探究的创造性。

学生通过实验探究和对伽利略理想实验的学习，获得运动与力关系的

认识。这个实验亦是教材内容，是教师在课上都会演示或让学生探究的，同时教师也都会通过逻辑推理得出结论，但是较少将其中蕴含的科学本质内容显现出来。对于某些水平较高的学生，突出伽利略理想实验中蕴含的丰富的想象力和创造精神，可以让其体会科学探究的创造性特征。

【活动3】讲授：牛顿第一定律——体会科学知识的暂定性。

介绍笛卡儿和牛顿的研究和发展，得出牛顿第一定律的表述：一切物体在没有受到力的作用时，总保持静止状态或匀速直线运动状态。讲解牛顿第一定律。

带领学生回顾牛顿第一定律建立的过程，说明亚里士多德—伽利略—笛卡儿—牛顿理论演化的轨迹，以及他们关于牛顿第一定律的主要观点，指出：科学知识是暂定性的，要以发展的眼光看待它。

帮助学生厘清牛顿第一定律建立和发展的过程，并引导他们认识牛顿第一定律。

【活动4】思考：你有什么收获？

帮助学生思考本节课都有哪些收获？引导学生从物理学史、科学知识能力、科学本质教育角度发表观点。

这与现在某些教学处理的区别在于不仅强调理想实验的方法，而且将定律发展不同阶段的历史文化背景和科学家因此而具有的局限性结合起来，使学生能够获得更加真实的历史图景，从而深入领会科学本质。

案例分析及反思

通过观察学生课堂表现、课后作业，通过课后访谈，发现有很多"生成性"的结果。

（1）很有意思，思想深刻，挖掘出了物理"背后的好东西"。

（2）对亚里士多德理论在当时被广泛接受表示出了可理解性。支持依据是：亚里士多德的观点更符合人们的日常经验；亚里士多德的权威地位；当时不具备验证"惯性定律"的实验条件。

（3）伽利略能对牛顿第一定律的建立做出重大贡献的原因是：伽利略

对自然科学的强烈兴趣、求知欲望和敢于质疑权威的精神；伽利略的研究方法科学、合理、逻辑清晰；伽利略敢于对当时普遍存在的理论提出质疑，并对生活中的现象进行推理，打破思维惯性，思想局限性小。

（4）很多同学意识到了科学的暂定性；对科学探究过程有了更深刻的认识，如认为形成对自然现象的假设和预测是形成新知识的必要环节、意识到了观察的重要性；关注到了证据的重要性、科学研究的主观性与创造性。

（5）学生对这种方式比较赞同，并希望以后更多地渗透物理学史教学，展现物理奇妙的研究过程，觉得这样更有"物理味儿"，学得更"深刻"；渴望了解什么是科学，体会科学本质；大部分学生对培养物理学习兴趣、养成良好的科学态度和科学精神，表示出比较肯定的态度，认为这样会对理解和掌握科学研究方法、理解科学探究和培养探究能力、领悟物理学基本思想和观念有帮助或帮助很大。

总之，对于教学中的任何问题，都有很多值得挖掘、思考、深入的地方，以期把学生领入"物理世界"，体会"物理之美"，突出学科教学的德育属性、美育属性、方法属性等。

物理组
郭亮亮

"爱与美"的礼物

美术对于我，是一份象征着"真、善、美"的爱与美的礼物。

美术对于我，是一份象征着"真、善、美"的爱与美的礼物。常常会觉得自己很幸运，在懵懂中，不知不觉走上了艺术教育之路，是美术选择了我！从小学二年级第一次为班级画黑板报，到中学毕业，我始终都在给班级画板报中体会着成就感和满足感。幸运的是遇见了著名的旅澳艺术家关伟老师，他是我中学六年的美术老师，给予了我良好的艺术启蒙和基本功训练。更幸运的是因为数学成绩欠佳，投机艺考，竟考取了首都师范大学美术系，得到潘强等名师的悉心指导和培养。求学过程中，我看到老师们固守着对于"真、善、美"的追求，执着于用艺术启迪心灵、凝聚智慧，激发学生创造的灵感，使我领悟到美术对人的巨大影响：通过它，你能发现并创造充满"爱与美"的人生。我觉得自己有责任将这种精神、这份礼物通过我的美术课堂传承下去，传递给我的学生，让他们的人生更加幸福、美好！

这是我记忆中那个有着雪白的皮肤、大大的眼睛、长而浓密的睫毛，安静、害羞的女孩——马艺雯的故事。

在收拾东西的时候，总是能发现好多在以前的学校留下的卷子、书本、作业之类的东西。在这其中，有一个盒子存放了所有曾经发下来的美术作业，其中包括各种图案的画、手工、文化衫等。

说起美术方面的事情，其实我并不是很了解，因为小时候并没有特意学过。虽然由于学习其他的课外内容，也有所谓"艺术相通"的可能性，但我始终觉得自己对于美术的兴趣以及到后来一些小作品能够被身边的人喜爱，与上学时期美术老师的帮助鼓励密不可分。

印象最深的是一节讲包络制作的美术课。当时在老师拿出了几个简单的圆形作品的时候，就觉得包络十分有趣。因为在那之前，并没有接触过包络的手工制作，所以开始格外认真地听了起来。然后迫不及待地一边听着老师的讲解，一边暗自构想自己将要怎样完成。

虽然从刚上课就开始想着自己的包络，但真的得到一个自己满意而且还能完成的目标，过程还是挺漫长的。要怎样说呢，心里一直有一个想法：我想要做一个和别人不一样、能够表达我自己的作品出来。不仅仅是在那一节的包络课，而是在每一次老师拿出那个学生优秀作业的展板，看到各种各样漂亮又特别的作品时，这一想法总是从心中萌发出来。

包络课有好几节，在同学们都已经开始剪包络形状的时候，我却还是在琢磨到底要怎样做才好。在我想起了家中自己非常喜欢的菠萝的毛绒玩具之后，决定要试一试菠萝的形状。那时候看着动作最快的同学已经开始用彩色线缠起来了，自己心里也开始有些着急。老师并没有催促，在我不知道怎么处理菠萝叶子的时候，得到了老师耐心的帮助。并不是直接告诉我应该怎样做，而是询问我后按照我的想法教给我处理的方法。

因为喜欢和期待，下课后我申请把包络带回家，也意外地得到了老师的同意。离开教室之前，我还特意认真看了老师拿出来的作业展板，也学到了一些别人的制作方法。在家中，妈妈特别支持我，帮我找到了我想要的颜色的线。

正因为有自己的想法和对美术的认真态度，还有老师以及身边人的鼓励和支持，最终我得到了我想要的菠萝包络。然后留给了老师，我的作业也终于贴上了展板。

也是由这一件事开始，我对美术越来越有兴趣。后来的作业也都更加认真地完成，并且充满了信心。平时自己随便画的简单的画，也拿来与老师分享，总能得到老师的帮助和肯定。后来老师还借给我过

关于画画的书籍，所有的事情都记忆犹新。

在没有美术课之后，自己慢慢变得闲不下来。偶尔看看铅笔画、水彩画的书，照着图片折一些花朵等，这些都变成了爱好，会让我很开心。

中学时的美术课对我的影响非常大，在美术作业的完成中，我变得越来越有耐心。美术老师和我成了朋友，在以后的日子里我也非常愿意和老师分享我的新作品。

那之后我又做了相同的菠萝包络，这令我更加难以忘记中学的美术课！

其实包络虽小，但其培养、锻炼学生的意义却非同小可。这节课是将美术与数学结合的校本课程，属于"综合·探索"学习领域。"包络"如图1所示。

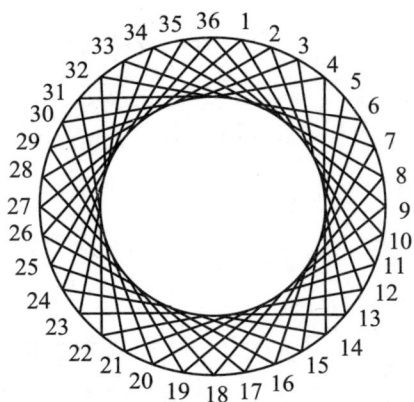

图1 包络

包络在数学中可以用来求圆、求椭圆，指一系列的直线或曲线围绕一个形状的情形。我在美术课中启发学生从"围绕的形状""挂线的支点""缠绕的线及其不同的规律"等方面进行艺术化创造。学生在学习了科学原理后，要进行抽象思维和艺术创造，用彩色的线缠绕不同形状的底板，制作出千姿百态的艺术品（见图2）。

学生的知识迁移与灵活运用的能力就在这节"包络"美术课中被激发；学生的想象力与创造力就在这件小小的"包络"作品中体现出来。马艺雯同学的"菠萝包络",从具象的菠萝形象（见图3），到把握形象特点，抽象概括成菠萝的图案，再设计出缠绕线条的色彩搭配并掌握其规律变化，继而制作完成"菠萝包络"（见图4）。这是多么复杂的思维过程，需要耐心细致的工艺制作，还要有追求完美的精神品质才能实现！

图2 千姿百态的学生作品

图3 菠萝　　　**图4 菠萝包络**

现在，如同设计"包络"课程一样，我精心设计的每节美术课程，正悄悄地影响着每一个在八中美术课堂上的孩子。我多么希望更多的孩子能得到"爱与美"的礼物，祝愿他们一生幸福美好！

美术组
王文凌

学 生
马艺雯

当年的明月，当年的苏轼

> 丰厚的古代文学遗产中的精神内核，不应是遥远的记忆，而应是现实的营养；不仅是中国文学不可或缺的组成部分，而且是中华民族文化的根基，是铸就当代中国人文化人格的内在动力。

文言文，是中国传统文化的瑰宝。文言作品中蕴含的中国古代各种文化现象、劳动人民丰富的智慧与情感，不应该伴随着年代的消逝而离我们愈来愈远，应该通过文言文教学让学生能够领会并且继承其中的精华。这样做，一方面，会帮助学生成为一个有厚度、有涵养的人；另一方面，能够让我们古代文化中的精髓部分得以保护、继承。所以我在文言文教学中，不仅仅停留在疏通字词、理解课文内容方面的教学，还希望能帮助学生认识到古代文学家的精神内涵。

在教授《记承天寺夜游》的过程中，有同学突然谈到苏轼与张怀民是"无所事事"才去赏月，这激起了我全面介绍苏轼的欲望。下面是我的一个教学片段：

师：请大家找出文中描写景物的句子并谈谈它们的妙处。

生1：写景的句子有"庭下如积水空明，水中藻、荇交横，盖竹柏影也"。这句话作者把月光比喻成清水，给人清澈明亮之感；竹柏、藻荇这两个事物在我眼中本是不相干的，作者却能将它们比在一起，很有意思。

生2：我与她的见解不太一样。"庭下如积水空明"是把月光比作水；"庭下如积水空明"是苏轼在故作糊涂，给人虚中带实、实中带虚的玄妙感觉。

师：我认为二位同学谈得都有道理。一位是从修辞方法的角度来谈，一位是从句子带给他的感受来谈。"藻、荇交横"，纵横交错，摇曳生姿，作者确实是一位善于写景的丹青高手。

生3：还有写景的句子"月色入户"，"入户"可以理解为"进入门里"，就把月亮写活了。

生4：好像月亮在邀请他出去看一样。

生5：如果写"月光洒在地上"就很平常，用"入"字显得比较生动。这样更能表现出作者想"夜游"的心理。

师：下面让我们走进苏轼的内心世界，看看从哪些语句能够读出作者的心情或感情。

生6：从"欣然起行"可以看出作者非常高兴，从"念无与为乐者"可以看出作者非常孤独，从结尾"但少闲人如吾两人者耳"看出作者认为这个夜晚很珍贵。

生7：从"但少闲人如吾两人者耳"还可以看出作者被贬谪时郁郁不得志。

生8：这一句说明当时其他人没有心情观看美景，只有被贬的官才有时间去看。

生9：我认为作者这个时候有些无所事事。从文中写景的句子"庭下如积水空明"中"空明"二字可以看出他是无所事事的。

（生议论纷纷，认为"无所事事"一词不太恰当。）

师：大家的感觉很敏锐。能从"庭下如积水空明"读出作者的处境，应了清代词评家王国维的一句话"一切景语皆情语"。但依照后两位同学的说法，"闲人"是说二人很清闲吗？我们借助诗句来看看被贬黄州、无薪俸、租50亩荒地经营的苏轼的生活。有诗曰（投影展示）：

不令寸土闲，饥寒未知免。

"去年东坡拾瓦砾，自种黄桑三百尺。今年刈草盖雪堂，日炙风吹面如墨。"又有"自笑平生为口忙"之句。看来，苏轼要养活一家老小，要开荒种地，要种麻植桑，还要造房子，为糊口

奔忙。他是很"清闲"、无所事事吗？

生（纷纷）：是有心情、有闲情。

生10：我认为"闲"是说他们有"闲情雅致"。当时因为"乌台诗案"苏轼被贬很不得志，但他仍然讲究生活情趣。就像我们学过的《童趣》一样，作者无论何时都能观察、品味到生活中的乐趣，所以还能看出苏轼的豁达胸怀。

师：大家的说法表明你们对文章剖析得很细致，都有自己独到的理解。苏轼自己曾说过"江山风月本无常主，闲者便是主人"。但是"闲者"是不是"无所事事"呢？请大家读一读苏轼在黄州写的一些诗文（投影展示）：

吾兄弟俱老矣，当以时自娱。此外万端皆不足介怀。所谓自娱者，亦非世俗之乐，但胸中廓然无一物，即天壤之内，山川草木虫鱼之类，皆是供吾家乐事也。

——《与子明兄一首》

欲令诗语妙，无厌空且静；静故了群动，空故纳万境。

——《送参寥师》

你们能从中找到与"空明"意思相近的句子吗？

（生讨论。）

生11：我认为是"胸中廓然无一物"和"空且静"。这是没有杂念的意思，苏轼的境界不是一般人能体会到的，没有什么事情能干扰他赏月了。

师：好。我们已经知道苏轼的号为"东坡居士"，"居士"是信仰佛教的俗家弟子的称呼，但他不单信仰佛教。

生12（我话音未落，他抢先说）：苏轼家学好，儒释道都精通，但儒家还讲究"修身齐家治国平天下"，道家不一样。（至于具体怎么不一样，他语塞了。）

师：从对社会人生的基本态度看，儒家思想的基本倾向是积极入世，而释、道思想的主要倾向则是消极出世的，两者之间存在着矛盾。但苏轼对佛、道思想和对儒家思想的态度是基本一样的，即为我所用，从自我需要出发，加以利用和改造。

所谓"空静"，本是佛学用语，意指佛徒在领悟佛法时排除一切精神干扰的空明心境，这个说法与道家的"虚静"说类似。不仅苏轼一人，宋代就是一个学派林立、儒释道相互吸收整合、兴教讲学之风盛行的朝代。

由此看来，被贬谪到黄州的苏轼，受儒家建功立业思想的影响，他的心中有被贬谪的落寞与被弃置的不满；受道家审美态度的熏陶，他的心中又有闲情雅致与自我排遣的达观。不仅在黄州是这样，贬官杭州，他说"我本无家更安往，故乡无此好湖山"；贬官惠州，他写下"日啖荔枝三百颗，不辞长作岭南人"。

希望同学们也能像苏轼一样，无论身处什么样的境地，都能够热爱生活、拥有闲情雅致，都能够拥有坚强、乐观、豁达的胸怀。

通过"老夫聊发少年狂，左牵黄，右擎苍"，学生们认识了胸怀远大理想、富有激情和生命力的苏轼；通过"人有悲欢离合，月有阴晴圆缺。此事古难全"，学生认识了磊落且理性的苏轼，通过这篇短文，我利用此契机帮助学生了解这位文学大家的非凡经历、人生信仰，了解苏轼的家国意识，甚至对宋朝文学作品的特点窥见一斑，也希望学生们读书能尽量了解作家的全景。

教师要想做到这点，需要注意以下三个方面：

第一，有针对性地选择名家进行介绍。比如苏轼在文学史上是唐宋八大家之一，在宋词领域与辛弃疾同为豪放派的代表，在诗歌领域与黄庭坚并称为"苏黄"，还与蔡襄、黄庭坚、米芾并称为"书画四大家"，这样一位大家有必要让学生多加了解。

第二，要在学生对字词理解和课文翻译已掌握的基础之上，把握教学契机适时地进行介绍。

第三，教师要对史实、对作家作品的相关资料做深入、全面、准确地了解，以能够对学生有正确的引导。我们鼓励学生有独特的阅读体验，但初中生尚处在人生观、世界观没有完全形成之时，不能把过于偏狭的认识

传递给他们，要介绍在社会中广泛流传的观点。这就需要我们教师坐得住冷板凳，广泛查阅各种资料，尽量准备得详尽、周全。

文言文教学，通过课本、课堂将古代文化中的优秀篇章介绍给一代新人。这种直接传授不但始终伴随着个体的成长，也成为古代文学传承的最基本的环节。我认为字词句翻译固然重要，但更希望能够帮助学生体会到古代先哲不同凡响的忧患意识、生命意识，体会到不同时代的文化特点。因为，这些优秀的作品产生的年代与那些伟大的诗人、作家一去不复返了，但是对当代中国人来说，我国丰厚的古代文学遗产中的精神内核，不应是遥远的记忆，而应是现实的营养；不仅是中国文学不可或缺的组成部分，而且是中华民族文化的根基，是铸就当代中国人文化人格的内在动力。语文教师，应该肩负起这种优秀传统文化传承的责任。

语文组
王海燕

一节未完的交往课

八年级上册思想品德教科书，主要围绕交往合作的主题展开。在中学生不断扩展的社会生活中，要会与各种各样的人打交道。帮助学生学会交往，提升其道德水平，增强其社会适应能力，使学生获得终生受益的本领。

八年级上册思想品德教科书，主要围绕交往合作的主题展开。在中学生不断扩展的社会生活中，要会与各种各样的人打交道。帮助学生学会交往，提升其道德水平，增强其社会适应能力，使学生获得终生受益的本领。在第二课《我与父母交朋友》第二框两代人的对话的教学中，我与学生们探讨的话题至今仍在持续，是一节未完的交往课。

有这样一个小环节：讲述一个与父母交往中的幸福瞬间。学生们很踊跃地发言。过生日、外出度假、比赛获奖、谈我小时候、照顾病中的我、一起奋斗拿到八中的通知书、一起看演出……如果我不适时打断，真要说到下课了。

接下来的小环节：谈一件与父母交往中不愉快的事。这是课前布置的，要求他们简单书写在一张小纸上。因为涉及隐私，是否同意老师上课引用作为教学举例，请注明。出乎意料，平时懒于动笔写字的孩子们此项小作业交得分外整齐，更没想到大多数愿意被老师上课引用，愿意在课上与大家探讨。

作业中出现的多频词：唠叨、手机、电脑、睡觉、当着众人批评、复习、背单词、课外书、干涉自己计划、拔网线、翻书包、不支持参加学校活动和同学聚会、限制接听同学电话、背着我与老师联系、做饭没

创意……

下面摘录几段：

A：天天乘地铁上学，妈妈疯狂抢座，然后大庭广众之下喊我小名去坐，太没面子了，我不想露出对座位如饥似渴的样子。

B：老妈太"老土"，一点都不时尚，当我指出这点时，她说我"肤浅"。我妈喜欢那英，我喜欢王菲；我说那英"傻"，她说王菲"做作"。一起出去看电影，她要看《山楂树之恋》，我想看《敢死队》，唉，无共同语言。

C：我妈总能"以小见大"，通过一件很小的事情就能说到今后好久会怎样怎样。总是拿我和别人进行比较，而且结论总是我不如人家。自尊自信受到打击，往往要伤心几天。我妈总期望我是最好的，她也许不知道一辈子总会有自己追不上的人。我有个死敌叫"别人家的孩子"。

D：我自认为我对学习、生活有很好的计划。妈妈却好像不太信任我自己做计划，总要来干预。不是嫌我安排的休息时间过长，就是嫌我分不清事情的轻重缓急。我觉得妈妈对我的控制欲太强了。我已经有能力自己规划我的生活了。

E：晚上，如果我打电话问同学一些事，妈妈就追问是男生还是女生；如果是同学打来问问题的电话，就不让我接，说浪费时间，我觉得她很自私。

我用PPT将上面的文字显示在屏幕上，不时引来"我妈也这样""我妈也这样"的共鸣声。课堂顿时热闹起来，显然比上一环节"交往中的幸福瞬间"更激发了讨论欲望。

问题呈现了，该如何评析，又该如何应对呢？

我在A的文字后加了这样的设问：

（1）设想一下，如果不带你，妈妈自己乘地铁，疯狂抢座这种行为的可能性有多大？

（2）试从妈妈这个行为的出发点和方式上评析一下。

我在 B 的文字后加了这样的文字：在座的 40 位同学生活在同一时代，你们各自喜欢的音乐、歌手一样吗？（显然不同）。那又怎能强求出生在不同时代、有不同人生阅历的人有相同的艺术喜好呢？（理解、求同存异是去除不愉快、和谐相处的良药。）

我在 C、D、E 的文字后加了这样的文字：你希望在下周的家长会上，让老师就此向家长谈些什么？摆出你的看法和理由。这样，学生内心深处的东西、有些不便当面讲给家长的话、真实而迫切的需求可以通过老师，用更恰当、更易于让家长认可的语言和方式转达过去。

学生们根本不用老师点名，你方唱罢我登场，畅所欲言，各抒己见。引经据典，外加手势动作，不时响起共鸣的呼声。

就要下课了，我梳理了一下同学们的发言：全班同学无人不认可父母向我们倾注了全部的爱，可为什么还有这么多的不愉快呢？我们与父母之间的交往要以理解为桥，讲求交往的艺术，那就是亲近、化解、沟通、彼此了解、尊重、换位思考、求同存异。我布置一个作业：选择一个事例，讨论一个最佳解决方案，将方案汇报给全班。

做老师的都有这样的感触：一节精心设计的课，可能不会以既定的轨道行进，个中原因是多方面的。就这节课而言，带给我不少课后反思。明明应该是引领孩子进行两代人的对话，以与父母和谐交往，却在一定程度上演变成了对父母的"口诛笔伐"。是自己教学设计上的纰漏，还是学生本就需要有这样一个出气孔、发泄渠道，抑或是一些父母在亲子关系中的确存在一些失误。一节未完的课，如何在后续的教学中补救；如何在主题班会类的时间拓展、深化；如何将学生罗列的现象整合归类，引领学生较为客观地理性评析……

当然，学生们还委托我在家长会上帮他们说话呢。说点什么呢？一边是孩子对自己成长发展的认识超前，另一边是父母对他们的发展认识滞后；一边是"你们不理解我"，另一边是"我都是为他们好"。孩子向父母讨要的是对自己意愿的尊重，而非真的要与父母作对。青少年时期的亲子关系，需要经历一个双方都很痛苦的重新整合时期。

与家长的交往，既是学生现实生活中必须面对的实际问题，又是学习

与其他人交往的基础。解决学生与家长的矛盾，使学生学会与家长交往沟通，是帮助学生健康成长所必需的。

这是一节未完的交往课。

政治组
白立军

红墨水的故事——扩散现象

　　利用物理实验揭示同学们存在的问题，寓教于实验，学生们容易接受，并且更加热爱物理学科了。

引子

　　本班同学在某一阶段情绪浮躁，开始有几位同学课上小说小动，受到任课老师的批评。但同学们对此事都不以为然，感觉任课老师小题大做，其实没有那么严重，这种情绪甚至发展为抵触老师的管理，严重影响了班级积极发展。

　　一天中午，作为班主任，我将全班同学叫回班级并让其安静坐好。我没有任何开场白，直接给同学们演示了红墨水在水中的扩散现象，并提出一些问题：大家看到什么现象？这个现象形成的原因是什么？结合最近班级中浮躁情绪的蔓延，请班长谈谈从这个实验中获得了哪些启示？我们应该如何应对现在的问题？

　　经过引导，同学们认识到这种不良的浮躁情绪会在班级内不断蔓延，如果同学们不能正确认识到个别同学不经意的一次小过错，产生逆反心态，很可能引起一连串不良后果，影响很多同学对于学习的积极态度。最后，在班长的倡议下，大家一致决定向任课老师道歉，改正自身存在的小毛病，并且发现其他同学存在问题时一定提出善意的提醒。

　　利用物理实验揭示同学们存在的问题，寓教于实验，学生们容易接受，并且更加热爱物理学科了。

物理组
刘子然

让人文精神在作文中张扬

> 作文的本质是一个精神自由空间的开拓，老师本身必须有自我生命情感的主体投入，必须以此来唤起学生的激情，激发其写作欲望，让学生通过作文这个途径，由自发到自觉地进行人文关怀，倡导人文主义，弘扬人文精神。

教育的外延无非是两种：一种是科学教育，科学给人以智慧，但那是冷慧。用科学铸造的刀剑，可以杀死蟊贼，也可以伤害良善。一种是人文教育，人文精神点燃的是良知。人文教育倡导的是人与自然的和谐，人与社会的共生，以及人与人的关爱，总之，它给人的是热情。

我是一名语文教师，这就注定我应该为培养学生的人文精神做点什么。写作是语文教学的重要组成部分，而作为人文载体的作文，不能也不可能无视纷繁芜杂、变化多端的社会生活。用作文培育学生对真、善、美的追求，对彼岸理想世界的向往和想象，对人类、自然、宇宙的大关怀，并由此焕发出内在与外在的激情、生命的活力、不屈不挠的意志力，以及永不停息的精神探索——这些宝贵而美丽的精神素质，是我从事语文教学工作以来，始终在摸索、探寻的课题。"作文教学如何构建德育的支点？"这是经常萦缠于我心的问题，为此，我做过不少尝试，有些确实取得了一些令人欣慰的成果。以下几个教例，体现了学生的人文关怀是如何在作文中得以张扬的。

例一：《可可西里》是一部震撼人心的好电影。中国最早的环境保护者们在可可西里无人区为保护藏羚羊谱写了一曲生命的赞歌。我组织学生们观看了这部电影。可以看出，他们被震撼了，有的孩子感动地流下了眼泪。于是，我设计了一道作文题，让同学们以拟人化的方式来展示一只藏羚羊——央金（一个美丽的藏族少女的名字）的故事：她的昨天和今天，她的种族和家庭，她的命运和未来。我要求同学们以第一人称的口吻来抒写央金的哀怨和悲愤、幸福和希望，打开她的内心世界，抒发她的情怀。我在作文课上宣讲了要求，学生们立即激情涌动，当堂完成了作文，佳作如潮。其中，有的以心理描写为主，展开丰富广阔的想象，描绘了一群美丽的藏羚羊在广袤无垠的可可西里的生活画卷；有的用电影蒙太奇的手法，将央金的三个生活片段连缀起来，最后以倒在偷猎者的枪下而告终……总之，同学们的作文，写作技巧有高下，语言表达有优劣，但是，全都充满纯真的感情——而这实际上就是对人性的思考，就是对人与自然关系的思考，就是对热爱地球家园、保护动物朋友的环保理念的最好诠释。所以，我给了绝大多数同学的作文以很高的评价，大家也因为尝到了成功的喜悦，在以后的周记随笔中，不可抑制地又连续写了很多有关环境保护题材的文章，如《与自然同行》《小草在歌唱》《母亲河的诉说》等。作文已经自然而然地成为学生畅谈思想、张扬个性的平台。

例二：《敬畏生命》是台湾作家林清玄的一篇散文。文中表达了对一只飞蛾的顽强生命的赞叹，并谴责了当今人类不人道地对待某些动物的做法。在每月一次的读书讨论会上，学生们对此争论得很激烈。有人说，那老鼠该不该打？有人说，那我们生物课上为什么还解剖动物？（几年前生物课还允许解剖动物）还有人说，那我们还吃不吃鸡？看到学生兴趣盎然，我赶紧抓住这个难得的好机会，让他们每人写一篇作文，或发表自己对这个问题的看法，或叙写一段自己与此有关的经历。任务布置后，学生们的积极性空前高涨，涌现出一批相当有见解、有感情的好文章，如《"残酷"的生物课》《别把鸡捆得太紧》等。其中一篇《捕鼠记》，又一次引起了全班的争论，而这样的争论，正是学生们树立、探讨人文精神的过程。这位同学写在农村姥姥家抓老鼠的经历，重点描写了小老鼠被夹在鼠夹上时绝望、无助和恐惧的表情，并写了大老鼠——这只小老鼠的爸爸怎样舍身救自己的孩子，又怎样被人一起捉住的过程。文章明显流露了对这对老鼠父子的同情。在班上读过此文，教室里立即炸开了锅，当然，争论

围绕着"老鼠作为人类的天敌，该不该同情？"这个问题展开。我在这里
要说的，并不是这个问题本身（我没有下结论，即使我仍同大多数人一
样，认为老鼠有害于人类，应该消灭）。使我真正感到高兴的是学生在作
文中对老鼠的观察，是对生命的关注，是对一切生灵，特别是对弱小生命
的珍视。对这些动物临死前痛苦的挣扎所油然而生的悲悯之心，也正是出
自对宇宙中别的生命所本有的和应有的善良之性。另外，对生命间亲情
（如大老鼠对小老鼠的父爱）感同身受的体验也真切自然地洋溢于他的笔
端。所以，这样看来，作文是描画心灵的，而人文精神的培养，也可以通
过作文来体现。

例三："床前小儿女，人间第一情。永远与你相伴的，是那天下的父
母心。"这是张也唱的《人间第一情》。现在已经没有几个学生会喜欢这样
的歌了，可是它可以为我所用，在讲评《目光》这篇作文时，我播放了这
首歌。父母亲情，在作文中经常会被同学们或无关痛痒、或无病呻吟地写
一写，既不感人，也不真切。其实，人文精神提倡人与人之间、家庭成员
之间的关爱、理解和沟通。心中没有关怀，没有大爱，怎会理解忧虑、牵
挂和担心？怎会理解深沉的父母之爱？我让一名同学朗读了她的文章，她
满怀深情地叙述了这样一个感人的故事：在紧张的期末考试前，她约了两
个同学去滑旱冰。走在街上，她突然发现一家小店里射来父亲那道火辣辣
的"目光"——他是在跟踪女儿，接下来是质问、争吵、赌气、对峙。终
于有一天，当她关在房里不吃饭时，门开了，父亲端着一碗热腾腾的面条
走了进来，她又看到了，父亲那浑浊、略带无奈而又贮满关爱的"目
光"——"其实，父亲永远都是父亲！"当她读到这里时，声音有些哽咽。
教室里静得出奇。我知道，这时同学们受到了爱的感召，我示意这个同学坐
下，然后说，现在请大家给这篇文章加上一个结尾，让它更感人，更让人回
味。一个同学这样写道："我知道，有一天，我可以走得很远很远，到天涯
海角。可是，可是我怎么能够走出这人间第一情，走出父亲那道永远的目光
呢？"作文包含着人间真情，父母真爱，像一泓清泉流进了学生的心田。

以上三个教例，体现了用作文培养学生的人文精神的可行性。几年的
摸索中，我逐渐总结出，要使作文能担当这个任务，有几点原则，教师应

该关注并遵循:

(1) 应正确认识到作文这一教学内容的特点,充分体现作文本身的主体性。语文学科本身就以"立人"为一项基本职责,而作文,又更偏重于感性,注重心灵的启迪与开发。作文的本质是精神自由空间的开拓,老师本身就必须有自我生命情感的主体投入,必须以此来唤起学生的激情,激发其写作欲望,让学生通过作文这个途径,由自发到自觉地进行人文关怀,倡导人文主义,弘扬人文精神。从而,通过作文来培养学生优秀的精神素质。

(2) 教师的教学观念与专业知识要不断更新。在整个教学环节中,教师处于举足轻重的位置。教师是主导,如何能发掘作文中的人文思想,如何引导学生去主动体验、关注生活、愉快地写出具备人文特点的文章是教师应深入研究探讨的问题。如果禁锢在传统式应试作文的枷锁中,埋头于较为程式化的作文常规,则无法实现这一愿望,也无法在作文教学中得以突破。教师应该站在时代的前沿,时时更新观念和专业知识,在作文的广阔天地中自由翱翔。

(3) 学生的个体感受应予以高度重视。学生一方面是教学的客体,另一方面又是求知的主体。学生作文也是一个创作的过程,创作者本身由于自身的个体差异,感受不会是一致的。就层次论,有深有浅;就角度论,见仁见智。教师,就是应该特别珍视、尊重并大加鼓励这些不同的感受,使学生受到激励,这样,才可能在作文中出现更多元化的思想,有更健康、更可喜的立意,让人文精神在作文中得以真正的张扬。

总之,作文与做人,并不是一个新的话题。而倡导人文,呼唤良知,是我们当今社会,乃至全人类发出的共同呼声;在语文教育教学积弊已深的今日,认真地思考弊之所由,探索、开掘出一条条新路,应该是我们青年语文教师的不懈追求。所以,将作文与人文精神结合起来,让学生抒写真我,放飞心灵,让人文精神在作文中张扬,可以说,这是在我并不算长的从教生涯中,值得骄傲的一抹亮色,能在此畅言,乃一大幸事!

语文组
穆 聪

一节作文讲评课中的"成长"

> 要让作文层层递进，写出深度，可先用小学的模式，写读书是一个学习知识的过程，再用思考的方式写读书更是一个愉悦身心的途径，最后用实践证明我们从书中学会了做人的道理，又是这些道理指导了我们的言行。

　　"＿＿＿＿伴我成长"是一次初一作文的题目。"挫折伴我成长""坚强伴我成长""爱伴我成长""书籍伴我成长"，这些都是同学们为这篇半命题的作文补充完整的题目。随着今年新初一的课程改革，教科书中每个单元对写作的方法都有细致的教学设计。作为初一的学生，接受了半年的写作训练，已经能够有重点地叙述一件事情，语言功底好一些的同学已经开始学习人物的描写了。

　　这是一个范围很广的作文题目，如果写"爱伴我成长"，重点就在情感；如果写"坚强伴我成长"，重点就在励志。很多学生在小学作文中写过与读书有关的材料，所以，班里有五位同学在这次作文中都写了"书籍伴我成长"。我在这一节作文讲评课上，重点也放在了对这个题目的讲解上。我要让学生知道如何拓展、延伸小学的作文，告诉学生在成长的过程中，作文也要"成长"。

　　"书籍伴我成长"这篇作文很容易写好，用自己的想法把书中优美的语言、丰富的情感串联起来就可能是一篇很好的作文，初一的学生也很会做这样的作文。然而，在这次作文讲评课上，我不仅要让我的学生在知识上有所成长，更要在"成长"中成长。

　　五篇同样题目的作文，作文的方法几乎相同，都无一例外地写道：读了《丑小鸭》学会了坚持，读了《钢铁是怎样炼成的》坚定了信念等。这样的作文既是孩子们的真情实感，也是程式化了的写作模式，是为了写作而写作。

我告诉学生，生活是写作的基础，而写作是生活的总结和希望。

在课上，我问学生们为什么要读书，学生们回答说读书可以学习知识，拓宽视野，通晓古今。我引导学生们，让他们懂得：通过读书学习知识，仅仅是读书最浅层的意义，读书还可以愉悦身心，更重要的是书可以指导我们的言行。

读书即是学习，这是毋庸置疑的，好的书还可使我们愉悦身心，如沐春风。当我用"知书达礼""读书明理"这两个词导入读书更深一层的意思的时候，同学们似有所悟。

其实，我们读书的核心意义，在于从书中学习如何做人。我启发学生们，读书学习固然很重要，但是，在我们这些学生中有几个能真正成为大学问家呢？所以，读书对于我们每个人的意义就在于：书，能够让我们健全人格，学会做人。当我强调，读书，让我们遵规守纪；读书，让我们谨慎言行；读书，让我们明确志向，并提醒学生，我们八中人都知道"先做人，后做学问"的时候，我清楚地看到许多学生在这时挺起了胸膛，端正了坐姿。此时，我多少有些得意，在一节语文课中，我不仅教给了学生如何做文，更告诫了他们如何做人，还把我们八中的传统顺理成章地讲述了出来，让八中的优良传统在这些孩子们身上不断地发扬光大。

我对学生进行一系列引导之后，和学生一起设计了这篇要从小学成长到中学的作文。要让作文层层递进，写出深度，可先用小学的模式，写读书是一个学习知识的过程，再用思考的方式写读书更是一个愉悦身心的途径，最后用实践证明我们从书中学会了做人的道理，又是这些道理指导了我们的言行。看着同学们对我频频点头，我知道，我讲的写作方法他们接受了，我想他们一定也能明白，我在这节作文讲评课中所讲的做人的道理吧！

语文组
李 欣

随笔写心田

作为老师，最伟大最光荣的，就是将无私的爱和善意传达给孩子们，将自卑、怯弱、气馁、孤独、颓废、彷徨等负面词汇从他们的生活中赶走，让他们自信、阳光，成为精神明亮的人。

语文教学重在培养学生的听说读写能力。我个人认为，听、说、读这三种能力的培养相对容易些，而写是很多学生怵头的事。不少孩子讨厌写作，一写作文就绞尽脑汁，不晓得该写些什么。尤其是在考场上，自己在答题之后，留给作文的时间有限，往往是匆匆完成，效果常常不尽如人意。有学生戏言，学习语文有"三怕"：一怕文言文；二怕周树人；三怕写作文。怕写作文，究其原因，一是没什么可写，二是写不出来，三是限时作文有压力，影响思路、内容和表达。从当教师起，我一直注意锻炼学生的写作能力，除了督促学生大量阅读、教授写作的基本技法外，我觉得，提高学生写作兴趣和水平最有效的方式就是让学生写随笔。

写随笔益处颇多。

第一，写随笔能让学生记住自己做过的重要的事、见过的人、用过的物，记住自己的经验教训。

第二，在对自己学习生活中经历的事情的叙述分析并表达出来的过程中，边认识边思考，慢慢地提高分析问题、解决问题的能力。

第三，写随笔有利于改变自我，超越自我。很少有人劝自己狭隘、损人、消极、懒惰。大部分人一般都在随笔中劝勉鼓励自己：宽厚、助人、积极、勤奋。这无形中增加了更多正能量的教育。

第四，写随笔能磨炼人的毅力。写一篇随笔容易，长期坚持写下来难。无论课业负担的轻重，都能坚持写，慢慢地就形成了一种心理惯性，不写，反倒不习惯了。久而久之，就达成了对意志品质的历练。

第五，写随笔可以积累材料，提高写作水平，这一点，许多人已达成共识。将随笔本存留好，闲暇时翻阅，也是一件十分愉快幸福的事情。

第六，随笔本是教师和学生沟通的良好平台，倘若没有合适的师生面谈的时间，借助写评语这种书面交流的方式，教师也可实现对学生的教育和影响。

在此，我主要针对上述写随笔的第六个益处，通过实例，谈谈我在教育教学工作中的一些收获和体会。

语文课标中要求，作文每学年一般不少于 14 次，其他练笔不少于 1 万字。除了平时的单元作文、测验作文外，我有意识地加大了随笔的量。要求随笔必须自己真实创作，绝不允许抄袭。自拟标题，写人记事、写景状物、游记书评等内容不限，不低于 800 字。以前我习惯让学生每人准备一个大的笔记本，每星期一交一篇随笔。我批改后把写得好的随笔在班中分享。但课上的时间有限，每次能分享的文章不多。于是新的学期，我把写随笔的方式做了调整。我按班中六组统一买了六个厚活页本，每小组七人共用一本，每组的第一名同学先带回家写，第二天早晨六个本子都交给我，我批改写评语后发下去，然后由每组的第二名同学带回家写第二篇，第三天上交，我评改完后再转给第三位同学，依此类推，原来每周交的随笔，调整成了每天都写。除了我写的评语外，后面的同学也可以对前面同学写的文章提出自己的意见，并写下评语。

美国心理学家詹姆士曾说过："人类本质中最殷切的要求是渴望被肯定。"我觉得，这种以组共写随笔的形式，大大提高了孩子们写作的热情。拿到本子的同学，都会迫不及待地看看前面同学们写的作品，看看老师和同学写的评语。因为自己的作品会被全组的人看到，所以每个孩子写的时候都非常认真，内容力求新颖，字体也力求工整，有的孩子还在自己的页面上精心设计，绘制漂亮的图画，贴上别致的彩贴，抄上自己摘录的名言警句，这些用心，都是希望自己的随笔能得到老师和同学的好评。评价别人的随笔时，孩子们也是不吝表扬，总是能先抓住优点充分肯定，然后再

提出自己的一点小建议。有时，一个孩子的随笔页上，会得到好几个同学的评价。真的是非常好。另外，组与组之间，我也建议交换本子分享欣赏，这样，孩子们就能最大量地读到别人的作品。远远比以前上课时只听几个同学念随笔要好得多。

我在给学生写评语时，不仅评价文章写得如何，还要针对孩子的特点，写些朴实贴切的激励性的语言。德国哲学家黑格尔说："每个人都追求在他者中的自我存在。"其实，这是一种独立性和依存性之间的微妙平衡。对于那些刚入学的孩子，他们的个性与身份的认同更多地依赖于教师的培育和关怀。事实上，有些孩子并不奢求太多，只要教师真心实意地将他们作为一个有血有肉的活生生的人来对待，他们一定会收到你的善意与真诚，并因此鼓起更多的信心和勇气。

我班有个男孩，就叫他小周同学吧，开学有一段时间了，一直不爱说话，很内向，从不举手回答问题，也很少和同学一起玩。我注意到这种情况，就和小周同学的妈妈进行了电话沟通，得知他为自己能在八中就读而感到荣幸欣喜，对初中崭新的学习生活充满期待和憧憬。但由于学习基础不扎实、学习方法不适当、心态调整不到位、思想压力过大等，几次测验成绩都不理想，看到自己与其他同学之间的差距，小周同学心里非常着急。就连他小学一直引以为傲的语文也出现了滑坡，更是灰心丧气，他觉得小学那种感觉良好的日子一去不复返了，取而代之的是困惑和迷茫，有时甚至是自卑、自我否定和退缩不前。回到家后，他更是心情沮丧、闷闷不乐，对学习缺乏信心。他的妈妈看在眼里急在心上，对他进行了思想教育，但不太奏效。

其实，小周同学的这种状况，在入中学的初始阶段是很常见的。初中的学习难度较之小学明显增加，重点中学又是优秀生云集。有些孩子不能面对自己和别人之间的差距，心理落差极大。作为班主任，我深知，成绩的好坏对学生而言固然重要，但在逆境中学会知难而进，积极乐观看待人生，树立自信心，发挥自身优势更为重要。自卑的孩子最需要鼓励和帮助。周同学平时讷言，我和他说话，他都很少正视我，总是沉默，甚至躲躲闪闪地想要逃离。于是，我便想到了用随笔的评语对他进行思想的影响。

随笔本对小周同学的作用很明显。

以下内容摘自小周同学的妈妈写的寒假家长总结：

有一天晚上，快到九点钟的时候，我去孩子房间检查作业完成情况，看见孩子正拿着一个粉红色的合页本看得津津有味，时而喃喃自语，时而阵阵笑声，完全陶醉在欢乐的世界里。我凑近一看，原来孩子在读同学写的一篇随笔。发现我在身后，他连忙介绍说："妈妈，这是我们小组成员写的随笔，可有意思了，你也看看吧！"我接过合页本，和孩子一起从头看了起来。开学一个月，组内七位同学写了若干随笔作品，每篇开头都有一句名人名言，文体有说明文、记叙文、议论文、散文，内容有写人的、记事的、抒情的，写作手法风格各异，文章内容妙趣横生，看得人目不暇接，忍俊不禁。让我们印象最深刻的是每篇随笔后面，都有语文王老师针对文章的优点和缺点所做的批语，红色笔迹是那么的一丝不苟，那么的醒目。当孩子看到王老师在他写的《珍惜时光》一文后面写道"你的字写得很漂亮，文章也写得很好，老师希望你能珍惜时光，好好努力，创造自己美好的未来"，在《实弹射击》一文后面写道"字迹工整，内容充实，叙述有条理，感悟深刻！好！"的时候，孩子的眼睛亮了，身板坐直了，笑容洋溢在他脸上。他急不可待地说："妈妈，今天终于又轮到我写了，我要改变我以前的写作模式，争取写一篇更好的。"那天晚上，孩子用了半个多小时完成了又一篇随笔，带着满足和期待进入梦乡。

也许，王老师不曾意识到，她在辛勤劳动、尽职尽责、认真批改作业的同时，不忘鼓励、表扬学生，会对学生产生何种激励作用。作为家长，我知道这两段评语的分量！对我的孩子来说，老师这两句肯定的评价，如同久旱逢甘雨，润物细无声，给予了他极大的鼓舞和无限的力量，大大地提高了他的自信心。从那天起，孩子心中有了期盼，他盼望着小组的随笔本能早日转回到他的手上，这样，他就可以欣赏同学们的习作，可以品味老师的批语，可以把自己的想法和感受

写在随笔本上。那些日子，孩子变得开朗了，他愿意把学校里的情况跟家长交流分享了，最大的变化是他能以乐观的心态去看待身边的人和事，能细心去发现并欣赏每一个同学的优点和长处；那些日子，孩子不再为自己是一名预科生而感到自卑，他看到了自己的优势，明白了"天道酬勤"以及"天生我材必有用"的道理。

班内采取的以小组成员轮流写随笔的方式，减轻了孩子们的学习负担，增强了学习的趣味性，提高了孩子的写作兴趣，变被动为主动，写作质量逐步提高；孩子们的一篇篇习作，让彼此的思想在时间和空间里得到交流融合，使大家增进了解、加深友谊、相互关心、更加团结；老师的赞扬鼓励，使孩子重树信心，为孩子扬起了人生前进的风帆。

每当我看到孩子从学校回来时那张生动可爱的笑脸，都想由衷地说一声：王老师，谢谢您！

说真的，看到小周同学妈妈在文中写的场景，我的眼睛湿润了。我应该感谢这个随笔本，它是孩子们的一亩田，他们精心地耕耘，慢慢地打理，我也要在田地里不断地浇些水、施些肥，静静地和孩子们一起体会丰收的乐趣。人需要被认可和肯定，这是再自然不过的道理了。一直很喜欢唐代刘长卿的这句诗："细雨湿衣看不见，闲花落地听无声。"虽是恬淡的写景的句子，但何尝不是教育的润物无声之境呢？

莎士比亚说："慈悲不是出于勉强，它是像甘露一样从天上降下尘世；它不但给幸福于受施的人，也同样给幸福于施与的人。"随笔，让我以及我的学生们，找到了更多的幸福。

语文组
王雅竹

好人，好文

要有一颗感恩的心，要用心去"看"世界。

经过一段时间的写作训练，我的学生都知道了：写作文一定要写真感情，但另一个问题又出现了，他们对很多事情没有感受，就更别提感情了。周围发生的事情不少，可都"熟视无睹"。如何能"熟视有睹"呢？我想，要有一颗感恩的心，要用心去"看"世界。

体育运动会练队，班里的许多学生都参加了，我认为是个很好的写作素材，就让学生以发生在练队中的事情为题目，写一篇作文。学生们说："天天就是练队，没有什么可写的。"我告诉他们，用心去体会，在此期间，是不是有人帮助过你？你是否有所感动？在同学们的相互启发下，一个学生想到了：一次练队，她因为出门着急，忘记戴帽子，班主任老师把自己的帽子给了她戴，炎炎烈日下，班主任站了一上午。还有一个学生想到了：一次彩排后，她坐地铁回家，不相识的乘客都让她先上车，还有一个老爷爷问明她到哪站下车，让她在车上睡一会儿，到了站再叫她，让她很感动。说了几件事后，我问大家，为什么有些同学观察到了？因为他们有一颗感恩的心，他们不认为别人为自己做事情是理所应当、天经地义的，他们感受到了这些爱，因此，才能用真感情去发现这些小事，书写这些小事。

记得我们在学《老王》一课时，我给学生看了一些处于社会底层人生活的图片，并对学生说："在我们的身边，是否还有像老王一样的人呢？我们是如何对待他们的，他们又是如何对待我们的？能不能观察、体会一下，写一篇文章。"于是，我的一个学生写了一篇关于农民工的文章（文

章附录在后），她说这是她用平等的眼光才看到的事情。

文章是作者情感的自然流露，作者有怎样的情感、态度、价值观，都会在文章中反映出来。如果小作者是一个自私自利的人，又怎么能感受到周围人对他的关心、帮助，这些事情对他来说，就是"熟视无睹"，不值得记录的。因此，一个好的人生态度比什么都重要，这才是写好作文的前提条件。

我想，如果我们的学生是一个懂得感恩的人，能够感恩生命、感恩亲情、感恩师友、感恩生活、感恩自然、感恩社会、感恩世界……他们就能发现身边的许多素材，写出他们更多"真感情"的文章。

写真情，必须要有真情。有的时候，我们常常发现学生不会写，是因为他们真的没有感受到周围人对他们的感情。"人之初，性本善"，我们常常看到幼小的孩子为受伤的小鸟而流泪，但在中学生身上，不屑一顾的漠然让我们觉得心寒。当我们不需要教学生"学会感动"的时候，他们笔下的文章自是"真性情"的文章了。

朱自清先生的《背影》是一篇经典的美文，而事情不过是父亲在送别儿子的时候，为儿子买了几个橘子，事情很平常，但他却能"用自己的眼睛去看别人见过的东西，在别人司空见惯的东西上能够发现出美来"（罗丹），这正是因为朱自清真正体会到了父亲对他的爱。因此，若要"熟视有睹"，要有一颗敏感而柔软的心，那是一颗怀抱感恩的心，也就是我们常说的"文如其人"，当作者有了一颗美好的心，就会观察到生活的真、善、美，笔下的文章也会因饱含真情而成为"美文"。因此，要写好作文，真情不能少，若要有真情，做人真善美。

井深大在《精神 道德 情操——无视另一半教育的日本人》中提道："精神上的教育已经变得无影无踪。这难道不是现状吗？坦率地说，目前有不少孩子，考试成绩不错，却毫无礼貌。清晨起床后向父母说'早安'，在路上遇到认识的老人说声'您好'，不小心打破了玻璃，伤了对方，真诚地表示'对不起'……这些都是作为社会生活成员之一本应该自然脱口而出的礼貌，但是，目前不会这样做的孩子正在不断增加。"我们的教育应该是以生命为原点，关怀生命，提升生命质量的教育，点化和润泽生命乃教育之核心。做人如此，作文亦如此。

附录：

在雨中，体验人间的善良

一个如此平凡的人却可以在一个雨天带给我如此不平凡的感动。

——题记

那些金黄色、白色的桂花像是约好了似的，在人们不经意间绽放枝头，簇拥着散发出沁人的芬芳。秋风徐来，那馥郁的芳香夹杂着丝丝甜蜜，细细密密地弥漫在城市里，仿佛连空气里都带了一股幽幽的甜香味。

曾经我认为他们是一群没有素质没有文化的人；曾经我认为他们只会大吃大喝粗俗鄙陋；曾经我也抱怨是他们破坏了我们安宁的生活……可那天雨中的感动让我彻彻底底改变了对他们的看法。

那天刚上完课便下起了倾盆大雨，我翻了翻书包，却始终没有找到雨伞。大雨不停地下着，我站在雨中，静静地等待着。

"姑娘，快过来！"我听见一个低沉而又沙哑的声音从身后传来。我望望四周，只见那边电话亭里站着一个民工正向我招手。我跑过去，躲到了电话亭下。

他让开一大块地方给我，此时，他的右半边身子已经全部淋湿了。我细细地打量他：一顶沾满泥土的安全帽、一身千疮百孔的工作服、一双破烂不堪的旧布鞋。而我：一顶崭新的耐克运动帽、一条妈妈刚从国外带回来的小裙子、一双黑色的皮鞋。

我突然敢到有些羞愧，我突然觉得我曾经的想法是错的，我也突然想起最近经常在网上看到这样一句话："你真民工"——毋庸置疑这是在贬低民工。试问，我们的祖辈有多少不是来自民工呢？试问，我们的衣、食、住、行又有哪一个能离开民工呢？我们的奥运会主会场鸟巢又凝聚着多少民工的心血呢？

我抬起头，雨好像小了一些，我的脸也微微有些红。茶馆前的几株桂花悄然吐蕊，在沙沙的小雨中尽情释放着淡雅的美丽，恬静而微甜的香气透过微风丝丝缕缕地飘散。

"你怎么回家?"他带着关切我的语气问。

"我爸爸来接我。"

"那你爸爸呢?"

这时,一辆红色奥迪车出现在我的视野中,我指指那辆车,对叔叔说:"我爸爸来接了!"然后,我高高兴兴地跑上车。

我摇下车窗,冲叔叔微笑,他也笑了,我们仿佛是在彼此祝福着。

"再见!"

"再见!"

父亲开着车,带我离开了那个地方,但我的心却时常在那个电话亭下停留。

那天正好是中秋节,那夜月明星稀,圆月清辉流水般倾泻下来,仿佛水银般的月色带着细碎的光华,流转于枝头树梢之间,我独自站在电话亭下,望着皎洁的月光,我好像明白了什么……

在城市的角落,没有繁华的灯火,闪亮的霓虹;在城市的角落,只有破旧的棚户区,只有饱经生活风霜的生命;在城市的角落,有他们这样一群人让我默默地感动。

语文组

张　凡

一堂普通的英语课

> 这节普通的英语课，孩子们学到的不仅仅是知识了。在我设计的各项课堂活动中，孩子们无形中在情感上又得到了一次感染与鼓励。

外研社英语教材七年级下册第五模块的语言内容是 shopping。其中第一单元的话题是为了迎接母亲节，Lingling 和 Betty 一起去购物，为母亲买礼物。看到这样一篇内容，我想了很多。如何把语言知识教授给学生，同时又能在学习语言的过程中，培养孩子们的情感态度，把购物和母亲节两个话题有机地结合在一起，成为我准备这节课的过程中思考最多的内容。

由于我所教授的班级初一七班是一个普通班级，学生的水平居中，学习上出现的特点也非常明显：乐于参与，敢于表达，但是不够踏实，基础也不是特别扎实。孩子们对于所接触的语言知识，一旦落实到说和写，准确率和正确率就不是很理想了。针对这一特点，我对于第五模块第一单元这一堂课的教学目标也非常明确：学生课后能利用所学句型顺利组成对话，完成购物的任务。同时，完成任务的过程中，情感态度上得到一定的培养。

在此模块之前的第四模块，学生刚刚学会了一般将来时的语法内容。于是，在布置第四模块的作业时，我留了这样一项作业：What are you going to do for your mother on Mother's Day? 既复习了刚刚学会的将来时态，又为后面的内容做好了铺垫。果然，大部分的孩子们都写下了他们的愿望，不乏想为母亲买礼物的。如下面这位学生这样写道：

On Mother's Day, I'm going to buy a beautiful dress for my mother, because my mother often buys new clothes for me, but I never buy any for her. And then, I'm going to cook a meal for her. She

cooks for this family for 15 years. She is tired. I think she will be happy on Mother's Day.

看到这样一篇短文，同为母亲的我，为之动容。我想，如果每个母亲都能有机会收到孩子的礼物，内心一定是高兴而感动的。那么，作为教师，抓住这样一个契机，在给孩子讲授知识的同时，能引领孩子们为母亲们做点什么，也是应该的。于是，以此作业为基础，我做了一个统计，把孩子们的愿望大致分类：花钱买的和不用花钱的。花钱买的这一部分，又进一步做了细致分组，分成九个小组：首饰类、服饰类、鲜花类、贺卡类、蛋糕类等。做了这样的分析和分类后，我对于第五模块的教学基本心中有数了。

上课开始了。我首先把上面那位学生写的短文通过投影展现给大家，并提出问题：What is the student going to do on Mother's Day? 学生们读完短文迅速找到了答案：She is going to buy a beautiful dress and cook a meal for her mother. 紧跟着，我提出了第二个问题：What does she have to do first and where should she go if she wants to buy the dress and cook? 学生们回答：She has to go to the supermarket or department store to do shopping. 第三个问题：What does she need if she wants to go shopping? 学生很快回答：She needs MONEY!

通过以上三个问题，我顺利地带着孩子进入了新的话题和任务：Mother's Day 和 shopping。这节课我设计了很多问题和活动，并以挣钱（make money）的方式鼓励孩子们积极参加，以便他们最后能用自己所挣得的"钱"去为自己的母亲买礼物，让自己的母亲过一个快乐的母亲节。

带着能挣钱并希望给母亲买礼物的目的，孩子们空前积极地参与了课堂的每个活动中来：听、说、读、表演，样样争先恐后。从简单的列购物清单（shopping list）到后边的整句整段的输入，孩子们都乐在其中，学在其中。在此期间，每个小组（四人一组，共九个小组）也取得了不同的成绩。在这个过程中，我根据不同孩子的不同程度，设计了多个难易程度不同的任务，争取让每个孩子都有机会 make money。

在课堂的后十分钟，我给孩子们创设了一个新的情境。给九个小组分别发了不同的信封。信封里面是一个小商店，卖着不同的商品。而这些商品，正是孩子们之前作业所写母亲节愿望中提到的要买的礼物。此时，孩子们实现自己愿望的时候到了：利用自己之前所挣得的钱，给母亲买礼物。同时，通过卖自己小商店的商品，挣更多的钱，以便实现更多的愿望。孩子们在进行这项课堂活动的时候，既练习了刚刚学会的购物的语言知识，又为给母亲过一个高兴的母亲节付出了努力。整个过程积极而热烈，孩子们为实现自己的愿望，不断地进行买卖，并学会了适当的砍价。

要下课了，孩子们意犹未尽。我利用最后的一分钟，以 what，why，how much 三个词为中心，进行了一下总结：

We decide to buy _____ for _____ because _____ . We also want to buy _____ for _____ because _____ .

We pay _____ yuan for _____ .

We spend _____ yuan on _____ .

At the same time, we have got _____ yuan by selling _____ at the price of _____ . Altogether, we have got _____ yuan.

We plan to use the money to _____ because/so that _____ .

通过这个总结，孩子们对自己的任务完成情况有了一个了解与汇报，同时，也练习了刚学的句型。我也就此话题进行了简单的点评：语言学习很重要，对于母亲的爱也很重要。在母亲节这个特殊的节日，我们既可以通过买礼物、送礼物表达我们的爱，也有其他更多的方式来表达对母亲的爱意和谢意。我鼓励孩子们在课下就此话题更多地思考一下今后和母亲的相处方式，以及更多地去向母亲表达自己的感情。

下课后，孩子们对于这个话题还在不停讨论，很多孩子表示一定要让母亲过一个难忘的母亲节。我想，这节普通的英语课，孩子们学到的不仅仅是知识了。在我设计的各项课堂活动中，孩子们无形中在情感上又得到

了一次感染与鼓励。而这，也是我这堂课中很重要的一个目标。浸润式教育，大概就是这样的效果吧。

外语组

卓 颖

无声的感恩

在我们的日常教育教学中，及时观察、发现学生生活中遇到的问题、困惑，以及学业上的难点、困难，在课堂设计中有意识地结合起来去解决，能够使德育教育达到润物细无声的良好效果，尤其在初中阶段。

故事背景

初二年级正是大部分学生思想十分活跃同时比较叛逆的阶段，不少家长都抱怨这个年龄段的孩子不好管甚至管不了，而孩子们与家长的隔阂也无处不在。曾经遇到的一个学生就是在初二上学期与家长的矛盾非常突出，经历了大吵大闹、冷战、离家出走，甚至自残等剧烈过程，而且由于这个学生在同学中其实人气挺旺，他还时常会把这些经历给同学们晒晒，博得了不少同学的同情和支持，因为无论是他本人还是这些支持者都认为家长太不了解他们，根本不为他们着想，就会一味地约束他们。另外在英语教学方面，初二阶段也很特殊，时态知识的学习发展到了需要能够根据不同语境合理选用最佳时态的阶段，而学生往往不能够准确、灵活地运用，可是自身又感觉时态自己都会了，产生错误时经常不能冷静思考错因，反而是一味地为自己的答案找理由，不能很好地去体味语言在不同语境下的多样性。

基于在教育及教学方面的上述问题，我一直在不断地思考如何在时态教学中充分创造现实的语言环境，帮助学生切身地体会如何自然灵活地在

生活中通过时态表达自己的情感、态度和思想；另外，我也特别希望在学生的这个发展阶段，多在课堂上渗透感恩教育，帮助他们与家长建立起更好、更有效的沟通。所以，通过不断努力创新和实践，我非常注重在初二上学期末和下学期初多角度、多方式地把英语课打造成为德育及学科一体化的课堂，润物细无声地帮助学生合理运用英语时态以及进一步深入理解父母的思想和行为。

课堂片段

在我曾设计的时态复习课中有一节是通过图片、音乐以及不断变化和深入的问题启发引导学生感悟父母之爱的，引起学生较大反响的是其中的几个环节：

（1）给出孩子生日及出生的一些场景图片，让他们思考并讨论问题：

What do they look forward to when they have their baby?

Which words come into your mind when you think of your parents?

同学们的答案虽然五花八门，但仍能很快了解到这些问题引起了所有同学的思考热情，并且通过互相的启发，答案越来越令人感动和深思。比如开始回答第一个问题时，答案多是用简单句表达聪明、健康、美丽、好学……但逐渐有些同学开始了这样的表述：I believe, in fact, many parents look forward to seeing their children grow up healthily, because they know that's the most important one, though they hope the children get good marks as well. 我相信这就是语境以及讨论带来的良好效果，学生们的思维被很好地调动起来了。

（2）课堂中期我设计了配合数张动物界母子亲密相依的图片，为学生播放歌曲《妈妈我爱你》，那些唯美的画面以及暖人的词曲把我和孩子们一起带入了对父母的感恩思绪中，每个人的眼神里都流露着丝丝感动。

（3）当我问及在父母因工作忙没时间伴随我们时、在他们由于一些原因批判我们时、当他们在所有事情上关心我们太多时，我们打算怎么做？孩子们给出的答案是令人欣慰的。首先，他们的回答是积极的，是入情入理的，而且他们能够正确地运用所学的不同时态表达事实和想法以及打算。这些都让我感到特别高兴，因为他们能够自然而然地体会和运用所说语言来表达思想了，而且所表达出来的思想内容又是善解人意的。

（4）英语作文任务的布置常常是令学生头疼的，然而这堂课后的写作任务学生并不反感，因为他们感觉有话可说。从作业反馈来看，课上引发的思考帮助他们流畅地完成了任务。这也使我更明确地认识到，当作业任务对学生不构成负担，他们能够胜任甚至乐于完成时，效果会达到最佳。

反思

在我们的日常教育教学中，及时观察、发现学生生活中遇到的问题、困惑，以及学业上的难点、困难，在课堂设计中有意识地结合起来去解决，能够使德育教育达到润物细无声的良好效果，尤其在初中阶段，说教式的感恩教育效果一般都不太理想，但是身处这个年龄段的孩子，确实又需要我们教师不断地去进行这方面的教育，否则会不利于他们今后的健康成长，会失去使其树立正确的人生观的良好时机，所以我们的课堂就是最好的阵地，珍惜每一个细节、每一次机会去设计活动帮助学生体味方法、情感，会使他们一步步走得更坚实！

外语组
孙 歌

两封信

> 今年我教初一了，面对更加稚嫩的脸庞，深感责任重大。我会注意身体的，我会留着你的来信，等哪天我工作累了，烦了，生气了，读你的信会让我重获力量，继续向前……

Dear Ms. Gao，

I am very excited and nervous to write to you. How have you been these days? (I'm writing in an informal way.) I miss you a lot and other teachers and classmates. I came back to the school last Friday. When I was climbing the stairs，as if I went through the time. And I was still a junior high student from No. 8 Middle School. At that time，I felt a little sad. That's a shame. I didn't treasure the life with all you. I met Mrs. Wang and Ms. Sun. When I arrived，it was already 7 o'clock at night，but the teachers and friends were still waiting for me. I had never thought I would be so important in your mind. I was moved and I cried in front of them first time.

You'll never realize how important the person for you until you learn them. I thought it then.

鉴于我的英文水平有限，我还有许多话想对您说，所以用 Chinese 了。

我还记得中考考英语那天，老师都在东楼门口送学生，我看到您在门口送学生，向大家鼓励，于是就想过去得到点安慰。我就记住您跟我说："相信你自己。"当时我就感动了，这是您经常对我说的一句话，也是我至今总觉得做不到的一句。

　　老师，不知您看出来没有，其实这两年我一直很难过，无论在学习上还是在与人交往方面。刚到八中的时候，我的心情是很复杂的，一方面觉得自己不再是原来那个优秀的自己，再一个，因为我是插班生，且生性腼腆，这样子会不会很孤单？在原来的学校，英语是我最强的科目，其他科目也就是一般，但我一直在班里前五，可到了八中，全线崩溃……我开始不再相信自己。

　　我那强的如石头一般却也如纸般脆弱的自尊心受损了。

　　不谈那些往事了，我很感激您，高老师，一直那么相信我，有时连我自己都……总之老师，最后的成绩，是我满意的，我这两年虽然煎熬了点，但是是充实的。现在回想起来，留在脑海中的，仅有你们的音容笑貌，以及与大家在一起的美好、自然的感受，而那些灰色的，真的是消散于时光长河了。

　　谈谈现在的生活吧，我去了清华附中的美术班，每周三、周四、周六都要在学校上专业课。我十分热爱绘画，这您知道，初二时您问我画什么，我说瞎画，然后您说那就更要学好英语了，得有理论基础。自那以后，我就一直在进行专业培训，结果现在最好的两科就是美术和英语。

　　我的梦想就是考上央美造型系，然后实现梦想——成为21世纪最伟大的艺术家之一。这一点我坚信，你我都将为我感到骄傲无比。

　　您一定要注意身体，不要撑着，觉得累就歇下。一定要保证身体健康。

　　其实我真的笔拙哦，写不出什么特别优美感人的句子，我就希望老师们无论生活上还是工作上都一切顺利。

I hope that you can write back later. I hope you are happy everyday.

Happy Teachers' Day.

Lots of love

Haobuer

Dear Haobuer,

　　Thanks for your letter and that makes me go back to the days when we were together. We worked hard and enjoyed ourselves. And the most impor-

tant thing is that you have been a member of your dream school. I am sorry that I didn't wait for you on that day because there was something wrong with my family member. Well，we still have next time，right?

Please remember that you are still one of the best in my mind.

收到你的来信，我既吃惊又高兴。读了信后心中满满的都是安慰与幸福。谢谢你，又送给了我一份珍贵的礼物。作为老师我觉得一切都是值得的，顺着这份情，以下我就都用汉语表达了。

因为家里有事，所以那天我等到大家5点多，只见到了部分同学，没有见到你。不过以后会有机会的对吗？谢谢你还记得我对你说的那句话：相信你自己。现在我还是要对你说这句话：相信你自己，永远！看，你现在不是实现了你的梦想上清华附中了，多棒呀！你前半部分的英文信非常达意，所以我坚信，未来的你一定会前程锦绣，努力拼搏吧！

回想起你刚到七班的时候，我就注意到你了。为了让你不沉浸于抱怨转学造成的落差，我尝试和你多说说话，我想利用一切可能的机会让你知道，你一直做得不错，一直没有放弃，在努力地跟上。当然我能看出这两年你的努力付出。作为中学生，中途转学，从优秀生变得不再优秀，你的心里一定很难受，需要大段的时间调整。这个挑战，说实话，并不是每一个teenager都能处理好的。两年来，我目睹了你的变化过程，真为你高兴。每次的家长会，我也都会和你的妈妈谈谈，让她留意你的情绪变化，关注鼓励你的些许进步。你做得很好，没有沉浸在抱怨的旋涡里。其实人生中，谁都会面临这种变化，或早或晚，或主动或被动；你在较早的年纪，面对这种挑战，是幸运也是机遇，这让你比同龄人有更多的经验来调整自我，这就是你人生中的一笔财富。希望在以后的日子里，在面临困难的时候，你能继续坚持不懈，努力向前。所以任何时候，用积极的心态面对困难都会有收获，当然还有我和其他老师们对你一如既往的支持哟。

今年我教初一了，面对更加稚嫩的脸庞，深感责任重大。我会注意身体的，我会留着你的来信，等哪天我工作累了，烦了，生气了，读你的信会让我重获力量，继续向前……

　　谢谢你的祝福，也祝你学习进步，前程锦绣，相信你自己，我一直看好你！

外语组

高　珊

计算机课上的德育

认清德育渗透的重要性，把握德育渗透的隐含性，注重德育渗透的实效性，在课堂教学中有机进行德育渗透，在"随风潜入夜，润物细无声"中达到德育、智育的双重目的。

一、在信息技术课上为什么要渗透德育

近年来，许多中小学校先后建成了校园网络并与互联网连接。社会上网吧也如雨后春笋般大量涌现，学生上网人数和上网机会大大增加。据报道，多达 60％的学生对网络特别青睐，他们用上网取代了原来很多课余活动。但是，互联网上传播的暴力、色情内容，散布的信息垃圾，铺天盖地的网络游戏等，所有这些让不少家长和教师担心不已。面对这样虚幻的网络世界，怎样让学生正确地辨识网络信息、正确地认识网络游戏的利与弊，如何使学生拥有健康的信息意识和信息伦理道德，树立正确的人生观、世界观，使学生能够在信息的汪洋大海中正确把握人生的方向，形成良好的信息技术道德，是每一个信息技术教师需要思考的问题。我在教学工作实践中体会到：在信息技术教学中加强德育渗透，首先要从教材实际及学科特点出发，附着于知识的讲授或上机的训练之中。在教学中自然而然地渗透，做到"随风潜入夜，润物细无声"，让学生在不知不觉中受到深刻的德育教育。

二、信息技术课怎么渗透德育

在信息技术课堂上，如何渗透德育？根据当今的学生特点，若直接进

行德育教育，容易引起学生厌烦，不但起不到应有的效果，相反，还会引起学生的反感，因而，我采用了"随风潜入夜，润物细无声"的方法，将德育教育融入完成的作品中，使学生在制作作品的过程中受到德育教育。如，在讲授计算机病毒一课时，我发现很多学生总问我："怎么编制计算机病毒，搞恶作剧。"甚至，有的学生利用学过的 VB 编程知识，编制了一个只要运行计算机就会反复重启的程序，这会给学生上机操作带来困扰，但编制此病毒的学生却兴奋得不得了，就此，我给学生布置了一个任务：让学生上网搜集计算机病毒的种类、特点及其给人类造成各种危害的视频、示例，制作病毒者受到了怎样的制裁及我国相应的法律法规。然后做成 PPT 文档，以小组为单位演讲并进行评比。通过这个任务，同学们不仅学到了关于病毒的相关知识，同时认识到了病毒给我们的生活、工作、学习、军事等造成了严重的危害，并且编制病毒程序是违法的，会受到法律的制裁。以此教育学生，应利用知识为人民服务，做有益于人类的事情，不要做危害人民的事情，违者必将受到法律的制裁。

在网络时代的今天，学生在课余或信息技术课上对上网乐此不疲。加强网络道德教育已经迫在眉睫。

首先，要让学生知道互联网是全世界人们共同组建的一个网络社会，它不是一个公司，不属于某一个企业，也不属于某一个人，它是由许许多多电脑和许许多多热爱网络的人们组成的一个"虚拟社会"。特别要教育学生在上网时要规范个人行为，注意网络安全，遵守网络道德，抵制信息污染。

现在，网络信息泛滥，如何教育学生辨识网络图片的真实性有一定的现实意义。为了让学生对网络图片的虚假性有一定的了解，在讲授"Photoshop 图像处理 ps 图像（拼接图像）"时，让学生将几张图片通过 photoshop 图像处理技术进行拼接，然后展示，让学生充分认识到，利用现在的信息技术手段可以将几张图片完美拼合、天衣无缝，进而引导学生认识到网络上的有些图片或信息，是人为制造的，不是真实的，不要轻易相信网络信息，要正确地认识和辨别网络信息。

现在，中学生对网络游戏痴迷，已严重影响学生的学习和身心健康，

为了让学生充分正确认识网络游戏，在讲授"如何下载文字、图片、音视频信息"及"如何利用搜索引擎网站搜索信息——关键字的使用"时，我让学生应用所学技术，写一篇题为《网络游戏对中学生的影响》的论文，要求观点明确，必须用事实说明观点，图文并茂。

学生这样写道：长时间沉溺于游戏，导致生活规律紊乱，上课注意力不集中，成绩直线下降。尤其突出的是对电子游戏上瘾，一旦停止游戏，便难以静心地从事其他事情，出现难以摆脱的渴望玩游戏的冲动，形成精神依赖和相应的生理效应，进而成为一种心理病理行为。在网络的虚拟世界里聊天、游戏得心应手，对现实世界里的事物和人际交往却毫不关心，容易引发性格上的孤僻、怪异和暴躁等心理问题。网络沉迷造成的直接恶果就是成绩下降、身体素质下降、精神恍惚、情感冷漠、脱离现实。这对我们的健康成长是一个极大的障碍。

在谈到如何抵制网络游戏诱惑时，同学们写道：认清网络游戏的危害；培养坚强意志；集中精力投入学习；请家长、老师、同学监督。

通过写论文，同学们不仅学会了如何从网上利用关键字查找信息、下载文字、图片、音视频等信息，同时也对网络游戏有了正确的认识，他们纷纷表示，在学生时代要远离网游，把精力投入学知识、保健康之中。

信息技术教学中的德育渗透工作还有待加强，认清德育渗透的重要性，把握德育渗透的隐含性，注重德育渗透的实效性，在课堂教学中有机进行德育渗透，在"随风潜入夜，润物细无声"中达到德育、智育的双重目的。

信息技术组
王艳侠

德育无所不在

　　作为教师，我们每天的工作莫过于上课、答疑、实验、面批作业等，看似平淡，但您发现没有，就在这些看似琐碎、重复的事务中，您不经意的一句话却使您的学生一生受用，当他来看望您提及往事您可能已经忘却，学生可牢记在心，这就是育人的艺术。

半路师生情

——结绳记事

> 现在的孩子更多的是需要自然而然的教育，班主任工作最重要的不是管理，而是真诚的沟通，真正走进孩子的心里，而且必须从互相认识的第一天开始，从每一个细节开始。

我一直想，能够用在一个班主任身上最恰当的词应该是什么？"琐碎"过于言浅，"无私"又太高尚。此时，我想到了一个词，那就是"朴素"。我的副标题"结绳记事"，想表达的就是朴素之义。我想用这种最古老、最温柔的方式来记录一些镜头，这个时代，实在是需要多看看本色的东西，耸人听闻、矫饰和泡沫太多了。所以，我下面说的话，讲的故事，都是真实的。

"半路师生情"，为何以此为题呢？原因是我带着情感来看待我的职业，看待我所带的学生，作为班主任，他绝对不是简单地说说学校的要求，简单地说说班里那点事儿。我是一个最普通的老师，从教15年，做了14年的班主任，只有一年不是中途接班。直到现在，我还是想看看，我还有多大的激情能抬手就做事情，过了而立的年头，生活的种种负累、内心的坚定程度、狂热的爆发力还能支持我到什么样的地步。我一直和我身边的人重复一句话：我真的很幸运，我能拥有"乐业"的感觉。一次次欣然接受中途接班，其实真的只是源于"乐业"，源于我对自己这份职业的情感。

"敲开学生的门，触摸学生的魂。"这是我每次中途接班时都要考虑的两个问题。中途接班后的第一次见面，非常重要，因为它是帮助我敲开学

生心灵大门的一股力量，也就是说，见面绝对不能流于形式，我要让学生对我敞开心扉，使我能够触摸到学生的魂。

2012年，我接手了初二八班，一个一年已经换了三任班主任的班级。作业没齐过，纪律问题大，个别生较多，有受学校处分的学生，这个班在年级成绩垫底，没有得过一次"优秀班"红旗，而最后与我接手的班主任是一位被他们爱得死去活来的好老师，一位非常有个人魅力的帅哥。第一次班会，也是我接班的当天。我和领导走进教室，首先看到的是孩子们的惶恐和戒备。当领导宣布由我来接任他们的班主任的时候，立刻有几个孩子掩面而泣，当前任班主任带着不舍离开教室，孩子们的魂魄似乎也随之而去了。足足有那么三分钟，我只是面带微笑地看着他们，然后，我拿起了一本本被我前一天工工整整写好名字的成长手册，看着上面的名字，靠着前一晚对学籍卡上照片的记忆，默默地走到每一个人身旁，准确地将它放到每一个并未谋过面的孩子的面前，是的，我想用尊重和温暖尝试着去接近他们。我看到每个人的脸上，几乎都写着一句话：这老师怎么能知道我是谁？看着他们一点点由悲伤变得惊讶的眼神，我知道，我可以说话了。我转身先在黑板上写下了我的所有信息：姓名、手机号、邮箱、办公室，甚至年龄和籍贯。我告诉他们：我不是他们的后妈，他们只是我多年前走失的孩子，如果前任徐老师像他们的父亲，那么，今天，他们就"父母双全"了！而且，现在在我的眼里，他们的一切都归零，有的同学也许可以趁机把自己曾经有过的缺点永远埋藏起来，而且我相信，我值得他们去珍惜。我向他们讲了我怎么看教育：我和他们说作为老师，我对教育两个字的理解不是"管理"，而是以"尊重"为前提的"帮助"。比如手机，带进校园肯定有它的用处，但我知道每个学生都想好，可就是有时候忍不住，课上课下拿出手机来玩一玩，所以，我想帮，也愿意帮。每天早晨，我会在讲台上放个包，我帮忙收着，想用时，随时再拿走。我还讲，其实有些时候纪律已经约束不了你，能约束你的只有人品和智慧。最后我说，我希望大家把我当成吉祥物，相信我会给八班带来好运。

是的，话语至此，我赢得了那来之不易的笑脸和掌声。接下来，我知道八班同学因为知道自己是普通班中最普通的学生，一直缺少自信，我给他们讲了"沉香成炭"的故事，最后告诉他们：每个人都是一段沉香木，千万别把自己当成一车炭贱卖出去。我指着提前让宣委布置好的宣传板让他们看，上面写着：我们要让每一个人都成为八班的骄傲！此时的他们，眼神可坚定了。

该发书了，我想告诉他们有序和安静才能赢得高效，所以，我把书都码放在讲台前，要求他们按组一个接一个地走上讲台安静自取，顺时针走回自己的座位，他们在四分钟内，没有声音，面带微笑领完了所有的新书。接下来我又宣布："今天的值日，我来做，同学们到外面给我计时。"我一边做，一边大声地做着指导，15分钟内，我一个人完成了所有的值日内容。再次进班，我讲道："之前，听我们的卫生委员说，没有人爱做值日，觉得麻烦，又累又浪费时间，但是，你们看，多干净的教室，反正我喜欢这样的教室，而且，刘老师一个人，在15分钟内完成了所有值日内容，确实稍稍有点累，可是现在我很轻松啊，真是一种很好的锻炼啊！"在笑声中，我宣布每三人一组，自愿结合，这样就避免了互相推诿的现象。什么都不重要了，最重要的是：接班当天，孩子们是笑着放学的。

第一次见面，绝不止于40分钟，当晚，我在这个班的博客里写下了这样一段话：

> 此时，正是20点到21点的过渡，坐在电脑前，又一次打开，进入。

> 八班，今天交接了。那点点在心里慢慢晕开的伤感，有来自我自己心底某个不愿显露的角落的，更多的是受八班孩子的浸染。想着前任班主任徐广业博客中留下的文字，望着八班孩子们一张张写满了不情愿的脸，怎能就这样断了前缘？我差一点冲动地走出教室，想大喊一声：徐广业，你给我站住！——我还是微笑着一本本发下了成长手册，我还是微笑着站到了八班孩子们的面前，我还是微笑着开始了我的自白，这，是属于我的工作；这，是属于我的责任；这，是属于我的缘分。不是头一次接班，却是头一次如此尴尬。当我一本本发下成长手册，叫出孩子们名字的时候，我知道，在对徐老师的无限眷恋

中，孩子们接受了我。我甘愿在孩子们对过去表示眷恋的险境中去面对这一切，就像脱去手套去抚摸老人的伤痕。这种抚摸会引发我的坚定和执着，以及对孩子们无限的信赖。

此刻，我竟做微笑状，请不吝为我的坚强和勇气鼓鼓掌吧。

在余秋雨《文明的碎片》一书的序中读过这样一个故事：一群文化人游长白山，路遇一位外国少年背着帐篷准备到山上野营，这位已经很劳累的少年手上还拎着一个塑料口袋，边爬山边拾捡着沿路的废纸、果皮、空罐。他腼腆地告诉那些文化人，从小在书本中就知道了长白山，这是他梦中的山，当然要把它收拾干净。这个孩子没有表演意识，也没有抱怨情绪，只是暂时性地清理了一条路，干净一座山。明天也许还会被弄脏，但今天还要捡拾。这句话，让我想到了我的职业。做老师，尤其是做班主任，是示范，也是自救。所以，我要感谢所有我的学生，你们让我固执地坚守了一些宝贵的东西。昨天，带着我的孩子，约上了刚刚毕业的两个学生（一个即将出国，一个正处在择校的困惑中）一同去了孔庙。面对孔子的牌位时，信吗？我差点落泪。这种感情，沉在心底，压在喉咙，无可名状，胸口瞬间长出好多勇气，还裹卷着丝丝悲壮。

孩子们，家人们，只管安心走路，神清气爽。

当晚，大部分的孩子和家长登录了班博，读到了这篇博文并做了真诚的回复。

第二天就是开学典礼，孩子们在雨中成为全校第一个自觉站好队伍的学生；上第一节课前，有手机的孩子竟然纷纷主动将手机放到我事先准备好的讲台上的手提袋里；第三天八班又成了年级会上唯一被提出表扬的班级；第四天他们开始有了"作业全齐"的奇迹；第五天他们竟然能够三人一组十分钟内完成高质量的值日。接下来的日子里：教师节那天，班长轻轻对我说，老师我想抱抱您；他们在第一次作文中把我称为"母亲"；他们在背地里偷偷地叫我"敏姐"；某人大呼小叫地称我"亲妈"；有人在努力过一段后，终于欣喜地对我说："我找到好好学习的那种感觉啦！"某人在一次体育课后骄傲地向我宣布："刘老师，我引体能拔上去了！"利用开学的第一次见面，我想我敲开了学生心灵的大门。这开学的第一次见面，我采用了一种自然而然的形式，因为我想，现在的孩子更多的是需要自然而然的教育，班主任工作最重要的不是管理，而是真诚的沟通，真正走进孩子的心里，而且必须从互相认识的第一天开始，从每一个细节开始。

下面的这两个故事，一个是 2011 年接手的初三六班，一个是 2012 年接手的初二八班，巧的是两届我都在接班后的第一次运动会结束后，开了一个关于"勇气"的班会，一个赢了，一个输了。两个普通班，两个换了四个班主任的班，这两个集体不缺"团结"，不少"智慧"，却都少了最重要的"自信"与"勇气"，我用了形式内容完全不同的两个做法，使他们在去年和今年的运动会上共同收获了"勇气"。

2011 年接手的初三六班，对于运动会，学生一脸的无奈：没有一个体育特长生，从未取得过名次，年级十个班，从来都是第十。接班后，我告诉自己，我要使这次运动会成为他们的转折点。入场式，我利用闲暇抓拍了班里所有人的笑脸，然后做成直径近半米的 38 张图片，然后加工成带柄的圆牌。我要让这些缺少自信与勇气的孩子们举着自己的笑脸入场，比赛前，我带着他们利用休息时间训练，告诉他们，只管付出，尽力就好。运动会结束了，我们果然取得了从未有过的名次，孩子们当时哭成了一片。第二天，我开了一节题为"有勇气就会有奇迹"的班会。班会上，我用运动会结束当晚写下的一段人人网上的日志作为开场白：

> 刚刚回到家，我迫不及待地坐在电脑前，轻轻敲下这样一段字：运动会，我们赢了！六班赢了！
>
> 再想敲下点什么的时候，竟发现，我的脸湿了……
>
> 这两年，尤其是这段时间，送初三、接初三，感觉自己做老师做得投入，做得幸福！
>
> 运动会报项时，同学们就向我述说了咱班的运动会历史成绩：大多数体育低能；项没报满过；从未拿过名次；总分十几分。可也就在那个时候，我倔强地相信着自己、相信着你们，更相信着一句话——

有勇气就会有奇迹。

整个运动会，眼泪几次差点儿掉下来。

入场式走方阵时，我们班赢得了场上的第一次掌声，那张张笑脸，都寄托着六班的希望。我还记得我写的解说词：

迎着朝霞，带着微笑，走来了初三六班。这是一个充满魅力的集体，同心协力——是他们彼此的默契，顽强拼搏——是他们永恒的信念。他们高擎着 38 张属于六班的笑脸，怀着成为六班骄傲的决心，共同追求。六班师生凝聚他们的实力，决心向更好的成绩发起冲击，在初三这一年为母校留下一个华丽的转身，让我们所有人为他们大声呐喊：六班，加油！

是的！一切都是真实而动人的，我们总分 101 分！我们拿回了一张张印着初三六班的奖状，我们手捧着一枚枚奖牌。眼前还有着马宇轩因鞋没系好而取得第七后黯然的表情；还有着在相机里看到的吴雨舟和吕伯人在跳跃时略显"狰狞"的表情；有着周佳奕、黄磊琪扛着"不舒服"还继续拼命的身影；眼看着阎小丝的腿被杆子一次次磕得生疼；眼看着郭欣如 800 米后半程的艰难；4×100 的接力中程新悦、石雪飞、张明璐和周佳奕更是显出了六班的勇气与团结！大家都尽力了！我们赢在了最后！

你们初中生活的运动会就这样华丽地在你们面前轻轻落下了帷幕，但我相信，你们会像我一样，永远记住这个属于我们六班的运动会。还是那句话：有勇气就会有奇迹。相信自己，我们还会赢在中考！

那次班会后，我惊喜地在孩子们的脸上找到了久违的自信与勇气。很多孩子在班会后，用我每天布置的微日记与我交流。

另外一个班，是 2013 年毕业的初三八班，就是最开始给他们讲"沉香成炭"的那个班。接班后，为了让他们充满斗志和勇气，我一直直接或间接地帮他们用"我们"的力量去赢得胜利，他们在开学后的第一次年级会上得到了唯一的一次表扬；开学后他们拿到了从未有过的每月一次的"优秀班"，而且不曾间断；学校的辩论赛、拔河比赛一路胜利；科技节的板报评比获得了特等奖……可是，运动会上，他们失利了！主要因为一个体育特长生三个项目的失误，大家有了抱怨。这可是我接班后的很重要的第一次啊！怎么办？我苦熬了一个晚上，第二天的班会上，我打开了教室的多媒体，播放了我自己制作的一个小片：归零的勇气。小片中我先让他们看到开学后，班级获得的多项荣誉，告诉他们：我们是优秀的，要相信"我们"的力量。接下来，我又播放了大家曾在一起奋斗的画面，告诉他们：岂能尽如人意，但求无愧我心，让我们八班充满"理解与爱"，我们能一起面对一切。最后，小片中打出一行字幕：接受失败，是更高层次的优秀！收获过程，是八班进步的足音！告诉他们要把失败变成财富。短短的几分钟，孩子们看得热泪盈眶。接下来的自由发言中，他们互相鼓励，坦诚相见。八班自此，拥有了归零的勇气，八班自此更加紧密地团结在一起了。

初三年级为缓解学生压力，在心理辅导老师的帮助下准备利用周五班会课后的统练时间，组织一次拓展游戏活动，其中有一个孩子，谁也不愿意和他分到一组。当天我什么都没说，第二天的班会，我打开多媒体，只说了一句话：请大家看完下面的投影后立刻分组。因为我知道：响鼓无需重锤。孩子们心中有爱，一切便会迎刃而解。幻灯片中出现了他们从初一到初三所有的合影，配着我用心写下的字幕，孩子们只剩下动容。

拓展游戏结束了，但我们珍藏了最单纯的记忆。之后的班会上，我又播放了活动中我为他们拍摄的短片。

刚刚聊到的三个故事，我都是从对学生理解的角度出发的。我想，只要我们捧出一颗真心，愿意理解他们，愿意缓慢而优雅地去打动他们，就一定能触摸到他们的灵魂，真正走进他们的心里。

刚刚提到的初三六班，第二学期开学两周后，孩子们状态不佳。首先，是从开学初的各科针对寒假作业的成绩反馈看出的，假期大部人荒废了，状态不佳的原因通过家长会和与部分同学的交流得出——假期的各种班、各种课，还有各种懒惰。其次，上一学期，六班有了一些明显的进步，同学们因为有了这样的进步多多少少有些飘飘然。说实话，开学不到

一周，我已经有些急了，急于想做他们的工作，但冷静之后，我告诉自己不能操之过急，第三周家长会后，在整理了家长们传递给我的一些困惑和信息后，我决定要开一节题为"清醒"的班会，达到"棒喝"的效果。班会分成五个阶段：严肃的开场、无情的揭露、温情的指导、善意的要求和动听的和声。

（1）严肃的开场。

班会一开始，我在黑板上先写了两个字——骿髊，第一个字是"骨"的右边一"上"一"下"，第二个字是"骨"的右边一"左"一"右"。我问他们认识吗？望着他们一脸的不解，我一脸正色：你们在经历了期末的成功、寒假的休息之后的状态，就是黑板上的这两个字的样子。人在忘乎所以抖动得特别明显的时候，就是这个样子，骨头上下左右地晃荡，这两个字念"dè sè"。只感觉我当时的气场特别大，没有一个人不正襟危坐，全被我喝住了。我心里暗喜：六班的孩子接受教育的能力就是强！我既而转身又在黑板上写下了班会的题目——"清醒"。

（2）无情的揭露。

接下来，很少板着脸的我毫不留情地指出了他们的问题："其实你们的不清醒主要表现在不能准确定位！"我很实在地讲了六班学习成绩的现状，告诉他们不可过于乐观的理由。对！他们当时缺少的就是"忧患意识"，而我，可以说是冒险地激了他们一番。但我当时也告诉他们："如果只是现状，你们只能在填报志愿时，痛苦地选择你并不想去的学校，根本就没有资格说以后你们还要在一起，一起考进八中，想要不留遗憾，只能改变！积极改变现状，正确面对压力！任何时候起步都不晚，任何人都有希望！"我讲得句句有力，他们字字听到了心里。

（3）温情的指导。

马上我想：是该指导他们如何改变的时候了。接着我讲到体育要靠自己不懈怠；报上晚自习的同学，在校做完作业，回家该做什么，没报上晚自习的同学，别忘了上晚自习的同学已经在高效地复习；我拿出早些年考上清华、北大的毕业生的学习方法总结，讲给他们，这些学生是如何听课、作业和复习的。他们听得真认真，认真得让我感动。对于教室一侧的宣传板，这是一块最好的班级软环境可以利用的地方，我把心思用在上面很久了，班会前，我终于想出了能让它的作用最大化的办法，我决定增设两块专栏，一个叫"声音"，一个叫"学习之星"。让来自他们自己的声音和他们周围的学习之星来激励他们自己。

（4）善意的要求。

在班会快要结束的时候，我集中了家长会上家长的一些问题和困惑，有了下面的讲话："知道吗？你们的不清醒还表现在拒绝父母的关注。你们都叫我'敏姐'，喜欢我，听我的，信我的，但有一件事你们要知道：父母能为你们舍命，我做不到！"在做好了铺垫之后，我提出了在家学习的两个小要求：把门打开、关掉手机。打开门便打开了心，即便父母不进来，不张望，也能起到督促作用；关掉手机不意味隔绝了友谊，而是为了更长久的延续。

（5）动听的和声。

最后，我让他们写下他们真心佩服的同学的名字，并写出佩服的理由，同时写下他们自己的声音。都张贴到教室一侧的宣传板上。其实孩子们佩服的大多是自己身上最弱的地方，我是想通过这种"让他们自己发现"的方法，让他们自己对自己有所认识、自觉地提升，说实话，到现在我都沾沾自喜，他们的确中了我"美丽的圈套"！一节题为"清醒"的班会，能让我的学生深切地体会到冰冷的语言背后温暖的苦心，能让我的学生在班会后长时间地延续他们的清醒，这便足够了。对一节班会设计来讲，能发挥作用的应该有两个轮子，一个叫作"情感"，一个叫作"思考"。情感，使我们热爱孩子，投入地设计，并从中体验到成功的快乐；思考，使我们明确自己的班会方向，科学而理性地进行设计与实施。

奥运会在北京召开之际，我接到了一个任务：参加一个市级的关于奥运的班会比赛，只有三天准备时间。即使如此，我想，我也要让这节班会真正发挥作用。中国是一个有着五千年历史的国家，而北京又是这么一个大城市——中国的首都。奥运会来临之际，会有 204 个国家和地区派代表团前来参加，那么，我们是否该把我们骄傲的一面展示出来呢？奥运是我们的一个梦，成功地举办 2008 年北京奥运会，更是我们国家的一个梦想，

可梦想与现实必定有一定的距离，作为中学生，应如何尽自己的微薄之力，来缩短这个梦想与现实的差距，就是这次主题系列教育活动的重点内容和方向。接到任务当天下午放学前，我在黑板上写下了一道思考题：奥运在即，我们能为奥运做什么贡献？第二天的午休讨论中，我梳理出大家的观点：学习生活中、家庭生活中、校园文明及大家的特长都可以为奥运做出贡献。当天放学前，我建议孩子们根据讨论结果，自愿结成小组，用各组展示的方式，让他们从准备到参与自己去感受：我们每个人都能为奥运做出贡献，从而明白：实现个人理想和社会理想都是一种幸福。

在活动中，我尽量以学生为主体，挖掘学生的特长和优势，并引导他们在活动中得到锻炼，展示自己，肯定自己，增强自信心，激发上进心。最主要的是，通过这次主题班会，真正使同学们明确了自己如何才能真正做到切实地为奥运做出贡献。由此看出：一节班会，形式上可以不拘一格，给学生最大的空间，发挥其最大的主动性是非常必要的。

"5·12"汶川地震，是新中国成立以来最为强烈、最为严重的地震，举国悲恸，万民哀思。在灾难面前，各地纷纷捐款，我们也不例外，但我不想简单处理。其实我们和学生可以共同经历许多，学到许多，思考许多，感受许多。作为中学生，应如何尽自己的微薄之力，实现自我超越？我以此对学生展开了一系列的教育活动。地震发生两周后的一次班会上，全体同学捐款近5 000元，并在我的倡议下，决定以师生45人的名义共同资助一位地震孤儿。儿童节这天，我和部分同学相约来到了中华世纪坛参观"废墟上的希望"灾区儿童绘画展，在其中选定了一位叫李佳妮的9岁绵竹汉旺教育中心三年级女孩作为班级资助对象，同时接受了中央人民广播电台记者的现场采访，采访录音第二天在早晨的《全国新闻和报纸摘要》中播出，反响很大。返校后，得知记者马上又要去灾区一线，同学们再一次捐款捐物，托记者转交佳妮。第二天的班会上，我又连线记者，同学们听到了佳妮的感谢和歌声，很多同学热泪盈眶，连班里最淘气的孩子都异常安静。当天的随笔作业，我给出了"坚强""感恩""责任""珍惜""大爱"五个关键词，请家长和孩子们共同完成。6月19日，我们召开了一节名为"以四十五人的名义"的主题班会。班会上老师、同学和家长纷纷参与其中，在捐助环节，有的同学为佳妮买来新书包和图书，有的同学为佳妮创作歌曲，有的家长为佳妮准备了手机。班会有故事，故事中有关键词，之后也有同学和家长对关键词的理解和感悟，最主要的是，我们一直在行动。

通过这个事情，我想我使学生们理解了几个关键词：坚强、感恩、责任、珍惜和大爱，达到了学生自我教育的目的，更坚定了学生努力学习的信念。那个暑假，我们以班级的名义正式签订资助协议，并将佳妮邀请到北京过暑假，时至今天，已经毕业的他们仍在将坚强、爱与希望延续。也许一次系列活动、一节班会改变不了什么，但只要能够有那么一刻曾触摸过他们的灵魂，我想，这活动、这班会就是有意义的。

语文组
刘慧敏

与学生一起成长

可以借鉴的经验、可以寻求的帮助、可以信赖的师长同事俯仰皆是。关键是我们能否及时地急学生和家长之所急，先他们想他们所未想，并能果断地借助各方面的力量深入挖掘学生问题的根源。

我跟荷对视了一下，她的脸红红的，冲我点点头，表情是微笑的，我松了一口气，不管中考成绩怎样，她终于从过去的阴霾中走出来了。

初一开学时，荷是个很乐观开朗的女孩，极有进取心和主动性，做班干部兢兢业业，很有魄力和威信，是班上很优秀的学生之一。初二上学期，我休完产假之后重新上班。第一节课上我就觉得荷不太对劲，她与我的呼应很少，偶尔叫她回答问题也不太自信。几天之后，我把她叫到办公室，她话不多，脸涨得红红的，就说没事，我发现她脸上起青春痘了，心想可能是进入青春期的女孩就这样，性格变腼腆了，叮嘱了两句也就没深谈。只是我发现一个问题，每当期中、期末临考前，荷的脸上便布满青春痘，像一颗颗愤怒的种子，考试过后慢慢就会下去。起初我以为那碰巧是生理期的正常反应，也没有多在意。在一年的过程中，尽管我在英语课上努力想办法调动她的情绪，她也很谨慎地配合着。但是效果好像不佳。可想而知，成绩也是起起伏伏。其间，我也跟家长联系过，他们也对孩子的变化很不解，只是言语中满是对孩子的期待与焦虑，并反复提及荷之前有多优秀。我安慰了他们一番，答应再跟荷聊，不断关注她。

初三，我重新做四班的班主任。从更全面的角度观察，我发现孩子们对学习都抱有热情，但是绝大多数人都患得患失，尤其是对于各类测验的成绩更是极度关心，有几个像荷一样的女生用"寝食难安"来形容都不为过。可是初三年级必然是日日练习，天天考试，大前提改变不了。看到这种状况，我一边心急如焚，一边还得假装平静，稳定她们的情绪，保持她们的热情。但我自己每天都如坐针毡。尤其看到她们天天像坐过山车一样情绪起伏不定，初为人母的我心里不禁有些心疼，毕竟她们都还是十四五岁的孩子，长此下去，紧张和焦虑等沉重的负面情绪会把她们压垮的。我开始找学生谈话，跟家长联系，每天都疲惫不堪，中间甚至想过放弃，因为我发现自己的那些工作在学生身上的作用虽然短时间内有效，但大多都不可持续。我开始怀疑自己是否能胜任这份工作，苦恼中，我来到石老师工作坊。现在想来，当时在石老师面前我没有哭出来，简直是个奇迹。疲惫、无助、压抑、苦恼，我语无伦次地向石老师倾诉着。她拍拍我的肩膀说："作为年轻班主任，你已经做得很好了，别太着急。这样吧，我和新蕾（心理老师）到你们班做个主题班会，跟大家聊一聊。"

一星期后，石老师和张新蕾老师如约而至。我做简单的开场白，石老师走到同学之间，没有任何帅长的威严，满是长辈的和蔼与亲切。"我今天不是来说教的，只是想听听咱们初三同学有没有自己苦恼的问题，咱们一起看看是否可以解决一下，大家别把我当主任，我就是一个比你们阅历丰富一点的过来人，大家不必有任何忌讳。"孩子们的表情立刻放松下来，各种问题纷至沓来，石老师从人生发展的高度和科学看待知识的角度让孩子如醍醐灌顶般从浅表的"唯分心理"中解脱出来，石老师的包容和体谅让荷等几个女孩完全敞开心扉，哭诉自己的压抑，我当时眼圈都红了。心里一边佩服石老师的深厚积淀和人格魅力，一边懊恼自己的浅薄未能让孩子们充分抒发自己的情绪。那天的班会从三点多开到五点多，石老师和新蕾交替发言，没有一刻间歇，我和孩子们一起经历了精神和心理的双重升华。同时，他们还承诺孩子们以后有问题可以随时找他们交流。后来得知，第二天石老师便失声了。我和孩子们都歉疚不已。

班会后我找石老师和新蕾进行了交流，从中发现了荷等学生的问题在根源上是压力过大，不只来自学业与考试，更来自父母长时间过高的期望

值与过度的关注。新蕾建议我联系家长，她跟家长交流一下，我把荷的家长请来，我们四个人坐在一起从家长与孩子在家的交流聊起，事实证明，与我们之前的推测完全一致。荷的家长望女成凤心切，一切为她让位，让她有了不能承受之重，每当成绩不理想便有负罪感。长此以往，孩子便紧张、焦虑、压抑起来。越临考越明显，疯长的青春痘就是最好的证明。但是家长却全然不觉其中的问题。新蕾教家长如何在家调整亲子关系，减少过度关注，减轻荷的压力。我在学校也全方面配合，结合班主任工作和英语课让荷重新找回失去的自我。荷真的慢慢从阴影中走了出来。那次交流也让我学到了很多，并把所得灵活运用在其他有类似情况的学生身上，效果真的很明显。在带班的过程中，我受石老师的启示，弱化对成绩的分析，强化对知识的认知与自我的调整提升，使得整个班级活跃而不失严谨，气氛沉稳而不沉闷。同时，我还组织他们每天进行长跑，既锻炼了学生的意志力，增强了体质，也巩固了心理调试的效果，并为体育加试做好了准备。因为运动是最好的催化剂、疗伤药和缓冲剂。中考前，我们又请新蕾利用英语课给全班同学做了一次集体调适。他们带着轻松的心情迎接中考。可想而知，成绩自然顺理成章地比较理想。

我真的很庆幸自己向石老师和新蕾求助的决定。八中有如此优质的教育资源，这样优秀的教师团队，可以毫不夸张地说，可以借鉴的经验，可以寻求的帮助，可以信赖的师长同事俯仰皆是。关键是我们能否及时地急学生和家长之所急，先他们想他们所未想，并能果断地借助各方面的力量深入挖掘学生问题的根源。如果仅就现象说事，非但不能对事情的解决起太多作用，时间长了可能也会削弱班主任的威信。但是，在庆幸的同时，我也不时懊悔自己曾经的无知与浅薄。如果我能在发现问题的第一时间向有经验的老师请教，如果我不是自以为是地认为是青春期使然，如果我能敏锐地在与家长的沟通中捕捉像荷那样孩子的家庭教育的共性，或许能早一些从深层次上总结出问题的根源。这样我的那群可爱的孩子便能少走一些弯路。不过还好，我们共同的努力让孩子们笑到了最后，我想，他们的初中时光应该没有太多的遗憾，因为风雨之后，他们收获了彩虹。就像两周前，荷给我发短信时说得那样，由衷感激八中的老师，那些坎坷与经历都是人生的财富，让她成熟。现在她在八中高中部过得很充实，让我放心。想来这就是做班主任的幸福所在吧。

外语组
唐保花

爱是自然

我们老师的许许多多的不经意，对学生产生的正面和负面的影响往往是不可估量的，只要我们的心中始终装的是学生，并真诚地去对待他们，正面的作用一定是占主流的。

我们的学生，尤其是初二、初三的学生，思想已相当成熟，思考问题也有了一定的深度。他们思考人生，思考社会，琢磨我们的老师，在某些方面已大大超出了我们的预想。不要小看了他们的判断力，你对他是真诚的还是带有目的性的，他们心中早就有一杆秤。如果让他们觉得你是刻意表现出来的真诚，那结果往往会适得其反。我就曾经碰到过这样的钉子。刚接手这个班的时候，我就听到很多老师向我介绍我们班的一个女生，说她是一个很有个性的女孩子。我就在开学的第一天特意安排了一次与她的谈话。她一开始就用一种鄙夷的眼光看着我，使我如坐针毡。当我滔滔不绝讲了许多自以为入情入理的大道理后，她突然问了我一句："你为什么第一个找我谈话？你从别的老师那儿听到了什么？"那次谈话的效果就可想而知了。其实真情本身就是一种自然的流露，或爱或恨，或悲或喜，除非是演戏，否则真的假不了，假的真不了。如果你是真心地爱你的学生，不用你去表现，他们也能体会得到。

我们班有一个男同学，家庭条件比较优越，这个孩子本身也比较正直单纯，很有责任心和上进心，我比较喜欢他。他的理想就是想靠自己的奋斗考上本校的高中。我虽然经常鼓励他，但从他的学习能力来看我并不对他抱有太大的希望。可是有一段时间，他课堂上几次对老师讲课质疑，我开始用心地去观察他。我发现他的学习态度和学习习惯都有了很大的改变，我开始对他的学习能力有了信心。直到有一次课上他和我进行了一次非常激烈的辩论后，我找到了他，很坦诚地对他说："以前我对你的鼓励，是出于一个老师对学生的自信心的保护，今天，我向你承认，我当时并不看好你。但是，现在，我认识了一个全新的你，我只想告诉你，你一定能够成功！"其实，我当时只是有感而发，并没有想到会有什么效果。但是，当天晚上他妈妈就给我打电话，很激动地感谢我，说他们家的孩子回家后情绪非常高昂，孩子认为，老师并不是特意地表扬和鼓励他，而是真心流露。他下定决心以后一定要加倍努力，实现他的理想。他说了，也正在努力地做着，我现在始终相信，他一定能够成功。我们老师的许许多多不经意的言谈，对学生产生的正面和负面影响往往是不可估量的，只要我们的心中始终装的是学生，并真诚地去对待他们，正面的作用一定是占主流的。

语文组
申　博

"好孩子"的教育

> 学生的不完善是正常的，十全十美是不符合实际的。教师要把学生作为一个发展的人来对待。

2012届初三七班有这样一位平凡的男孩——黄正阳同学。因为班级中只有这一位男生被连续两年评为"三好学生"，所以初三刚接班的我开始关注这个男孩。

我发现这位同学的学习态度端正，也很踏实，是老师眼中的乖乖虎，但他的成绩自入学以来却不够出色，我心想这是为什么呢？通过一段时间的细细观察，我了解到由于要参加田径队的训练，他每天的学习时间会比其他同学少近三个小时，但他没有漏交过一次作业，且作业质量很高。基于他的良好基础和踏实拼搏的精神，我对这个孩子有信心，相信他会变得越来越好，并开始计划帮助他完成从平凡走向优秀的蜕变。

计划的第一步，我和黄正阳的家长进行了沟通，从中我了解到黄正阳即将结束田径训练专注于学习，谈话中家长非常希望配合老师一起帮助孩子进步，给我介绍了孩子在学习生活中的点滴，我特别注意到谈话中妈妈指出孩子不够自信的问题。

了解情况后，我开始等待机会，计划着帮助他克服不自信。我想，能认清自己的优缺点才能客观估计自己的实力，这就好似作战中只有知己知彼，才能百战百胜，我决定让孩子看到自己的优点，积极面对自己。有一天，我发现教室后墙贴了一个小贴士，题目是"跑步中的小窍门"，内容是提示同学们在体育长跑中应如何注意方法，以更科学、更轻松地提高成绩。听同学说这是体委黄正阳的杰作。看着小贴士，我仿佛看到黄正阳洋溢着善良的阳光笑脸，感到了一股温暖，同时我有了第二步计划。

借一个班会的机会，我表扬了黄正阳，并为大家讲述了他是如何克服每天田径训练的困难，坚持认真完成学习任务的，他还真诚地帮助大家提高体育成绩，为班级制作小贴士。同学们都很佩服黄正阳的精神，将他树立为榜样。从这以后，黄正阳的学习更加用功，因为他感到自己要无愧于老师与同学的信任，就必须更加努力。

有一次在和任课老师沟通班级课上情况时，我了解到黄正阳课上只专注于听课，却很少主动回答问题，于是找黄正阳谈心交流问他课上不积极回答问题的原因是什么，他说自己不是没有想法，只是怕说错话。听到他的这些话，我想这还是对自己不自信导致的，便又有了第三个计划：从明天起，上物理课我要经常提问黄正阳，在备课中"复习提问"环节特别为他准备了设计好的问题。课上听到他的正确回答，我高兴地表扬了他，课后我找到他，对他说："只有勇敢去做才能将问题转变为优势，要勇于暴露自己的薄弱之处，这样才能变得更强大！"我们之间达成了一个协议，以后课上只要有想法，一定主动举手回答问题，他使劲点了点头。

优秀的学生是会与老师、家长积极配合的，黄正阳妈妈在电话中说孩子每天都说着我与老师的约定一定要兑现，要报答老师的帮助，不能让大家失望。

此后一段时间，黄正阳信心十足，在初三几次重要考试中成绩稳步提升。在初三"三好学生"评选中，连续第三年当选，成为全班唯一一位连续三年的"三好学生"，并在初三年级的毕业典礼中担任主持人，展现了阳光、稳重的当代优秀中学生风貌。最终在中考中获得了好成绩，顺利升入我校高中。黄正阳同学在初三一年中的成长印证了家长与学校教育统一、学生配合、三方统一的良好效益，我相信在高中的学习中，黄正阳还会有更大进步，从优秀走向卓越，用更佳的成绩来报答母校的培养。

在平凡的教育教学实践中，有许多教育契机，只要把握得好，肯定能够起到事半功倍的效果！苏霍姆林斯基说过："要把学生当作活生生的人，要尊重学生的自尊心，不要让学生感到他是一个不合格的人。"作为发展中的人，也就意味着学生还是一个不成熟的人，是一个正在成长的人，不

能要求学生十全十美，对学生求全责备，其实作为发展中的人，学生的不完善是正常的，十全十美则是不符合实际的。教师要把学生作为一个发展的人来对待，要理解学生身上存在的不足，要允许学生犯错误，更重要的是，要用恰当的德育方法帮学生改正错误，完善自我，形成良好的道德品质，促进学生进步和发展。班主任工作印证了这些道理，这使我更加坚定地相信我的学生，并不断将这份坚定传递给他们及他们的爸爸妈妈，孩子们有了这份支持定会大放异彩。

语文组
刘满秋

春雨无声

在等待他进步的时间里，我不断地与他沟通，关注他，帮助他，等待是苦涩的，但我仍每天微笑着，希望他能体会到我对他的期望。

作为刚到八中工作不到一年的我，要谈谈八中德育教育，真的不敢说。因为我可能只是看到了八中的一小部分，更多的精华和美还需要我仔细体会，认真琢磨。但从另外一个角度，也可能因为我是调动过来的，有比较，所以对八中教育方式的体会更深刻。

先说说我对八中的第一印象吧。一到八中，首先体会到的是学生的安静，校园里洋溢着热情，却一点都不喧闹。每个孩子脸上都洋溢着青春的气息，走近老师时，总是轻声问候，并且教师会温柔地回一句"你好"。在我们物理组，每个人都活泼并且紧张地进行每一天的工作。真要让我说有什么轰轰烈烈的动人事迹，我也不知道从何说起，但每每一看到，甚至一想到大家工作的状态，我就觉得自己应该更努力，不知不觉中受到各位老师的很多感染。我想我的这些感受可能跟孩子们对老师的感受是一样的吧。都说身教重于言传，我想正是有这么多优秀的教师在一点一滴地感染着我们的孩子，所以每一个学生也都是乐观热情、积极向上的。在每一天、每一节课、每一个课间、每一个放学后的时间，孩子们都能感受到老师润物细无声的教育。我也在每一天里仔细体会着，但我不知道该如何形容我的感受，在看到"浸润式德育"这个题目时，我突然意识到，这就是我最想表达的，八中的教育方式就是润物细无声、无声胜有声的教育！

回想一个学期的工作，我受益于同组老师的帮助比较多，尤其是我的师傅张雁老师。第一次接触张老师，她温和的谈吐、对工作认真细致的准

备就给我留下了深刻的印象。在接下来的工作中，我经常听到她对学生说"老师觉得你很棒！""老师认为你还有上升的空间！""老师对你的期望很大！""你一定要多努力！"……而且，她并不是只说给学生听，她从心底充满了对学生的爱和关注，善于发现每个孩子的闪光点，循循善诱，及时鼓励、帮助并肯定孩子的进步。我也经常学习张老师在课上课下关注学生的态度，关注之中我更能感觉到孩子们的可爱与无限的可塑性。

虽然我感受很多，但从没有形成文字性的东西。即使学校给了"浸润式德育"这个题目，我也迟迟没有动手写。其实在过去的一个学期里，在同组老师尤其是张老师的感染下，我也默默做了很多工作，大部分孩子都很好，但最让我着急的一个孩子迟迟没有让我感到较大的进步。在等待他进步的时间里，我不断地与他沟通，关注他，帮助他，等待是苦涩的，但我仍每天微笑着，希望他能体会到我对他的期望。终于，在过完一个寒假，经历开学短暂的两个星期后，我可以回头看看走过的路。虽然坎坷，但结果是向好的！

接下来说说小 w 的故事，权当回顾入职八中的总结好了，当中的每一点收获和欣慰，都是八中浸润式德育给我人生路上最好的礼物，也希望我能回报这个美好校园浸润式的德育。刚接班我就发现小 w 课上特别爱说话，经常老师一联系实际，他的话就跟着来了。首先我表扬了他能积极思考，学习迁移能力很强，希望他能继续下面的学习。但随之我发现，他一旦发散思维，几乎很难回到课堂。于是，我改变策略，提醒他落实。每当他的话题偏离课堂时，我及时提醒他："记完笔记了吗？"我想有事情做，落实课堂学习内容总会好一些吧。一开始还好，很快，新的问题又暴露出来了。"老师，我笔记本忘带了！""老师，我笔记本丢了！""先用别的本好吗？或者先用纸记住，下课再誊抄。连笔都没有。笔袋里空空的。唉！"

如此两三次，我坐不住了，必须得想个办法，让他记笔记。于是，找了个中午休息的时间，我请他带我到学校附近的小卖部买了两个本和几支笔，我只说我要用。回到学校，走到楼梯口要分道的时候，我把其中几支笔塞到他的手中："谢谢你带我去买东西，这几支笔给你用。"趁中午休息的时间，我又找到他把之前抄在纸上的笔记贴到新买的本上，之前落下的笔记该记的记，该抄的抄。终于一个完整的笔记本出现了，我在封面上写上他的名字，递给他时，他明显有些不好意思，眼眶泛红说："谢谢老师！"这下上课该认真听课了吧！好景不长，两个星期后，笔记本又没了。刚好在一次实验课上，他乱讲话的问题又发生了，我就势跟他长谈了一次，沟通如何上课、如何学习。我想如果只是我单方面说，不一定能找到问题的症结，当他说出来，我才能知道问题在哪儿。原来，这孩子有轻微的洁癖，但他又不愿也不会收拾东西。经常东西丢得乱七八糟，又脏又乱。而一旦东西脏了他就不要了。于是，接下来很长时间我格外留心他的东西，课前提醒他准备上课要用的东西，课后提醒他别忘了写作业。但还是经常找不到东西，没有这个，没有那个。跌跌撞撞接近期末了，看着同学们一个个紧张地迎接期末，他也想学习，又管不住自己，于是，中午休息的时间，我便把他找来完成一些复习内容。当孩子跟我聊起他家里的家长里短，从小的学习和生活，我逐渐理解了这个孩子性格上的一些东西。想起他班主任对我说过这个孩子特别喜欢我，我当时还认为班主任在宽慰我，此时，我略微体会到了一些。"老师，您说我一男生，怎么就学不好数理化，偏偏对语言文字那么敏感呢？""每个人都有他的长处和不足。文学好也很好啊。不过，初中物理也不难，只要你认真学也能学好！"尽管他最后努力了，但之前的基础和习惯不好带来的后果已经来不及补救了，期末考试他很失望，我也有点失落。

第二学期开学了，他还是有点管不住自己，我找他长谈了一次。"既然你想学好，老师就帮你！"我开始每天上午督促他交昨天的作业，找我面批面改，下午督促他写明天的作业。马上开始总复习了。我请他妈妈到学校，没有告状，没有责备。我向妈妈讲了孩子好的方面，提出我的建议，给妈妈信心，让妈妈帮助他想办法。在找他妈妈之前，他一直怕我告状，但后来，他对我说："您真没说我那些不好啊！"让我认真想，我也想不起来具体从哪天开始，他开始上课记笔记，画重点，每天按时交作业。现在持续快两个星期了，我很欣慰，也每天在悄悄地关注，在每一次作业上写上：我看得到你的努力，你会更好！接下来还是要多关注呢！这只是一个好的开始，路还很长。

　　啰唆了很多，只是我的一个工作小结吧。马上就春天了，希望我的学生还有我自己都像小树一样发出新芽，一天天长大。最后，谢谢我师傅张雁老师，她就像是催促我快发芽、快长大的春雨呢！

物理组

陈小丽

以爱育爱

我深信每个孩子都是一块璞玉，作为老师，要学会从适合的角度去看待他、鼓励他、欣赏他，在他痛苦迷茫时，适当地去帮助他、引导他，使每一位孩子都能够健康快乐地成长。

虽然在八中从教的时间还不是很长，但是八中的育人理念已深入我心，教育工作的一切都是为了学生。为了学生一生的健康发展，德育比智育更重要，影响更深远。进入八中，我真正领悟到教育就是教师用真心去爱学生，鼓励并引导学生成长，让学生真正学会求知、学会做人。

在我一年半的从教生涯中，以下两个案例让我有很深的感悟：

张同学，女，年龄 14 岁，性格活泼开朗，学习努力认真，勤奋踏实，作业完成得一丝不苟，总是成为大家学习的榜样，在初二上半学期成绩一直名列前茅。但是到了初二的下半学期，物理课程的难度增加了，理解起来更加困难，计算量也有上升，虽然她还是那么勤奋、还是那么努力，但是再也拿不到那么骄人的成绩，一次次的考试对她就成为一次次的打击，让她怀疑自己的能力，质疑自己的努力是不是都白费了，她开始悲观消极，放弃自己，不再像以前那么勤奋努力。

作为任课老师，我经常主动找她聊天，从谈话中我了解到她的家庭比较复杂，父母离异，她和父亲一起生活，父亲再婚重新组织了家庭，在这样的家庭中生活的她很敏感、很脆弱，需要很多的关怀和鼓励来支撑自己的安全感。她的父亲对她的期望很高，也许是习惯了之前取得的好成绩，对于后期不太理想的成绩都归咎于她的懈怠和不努力，她感到很委屈，同时又非常困惑、迷茫、不知所措。突破不了学习上的瓶颈让她恨自己怎么

这么笨，这么不争气；父亲的不理解又让她觉得万分委屈，明明自己已经很努力了，为什么父亲就是看不到，这些坏情绪一直压抑着她幼小脆弱的心灵。期中考试的打击成为压垮她的最后一根稻草，她拿着考试后的总结与反思找到我，泣不成声。看到这样的她，我能够感受到她的痛苦、焦急与无助，我觉得很心疼。首先我对她的学习态度给予充分肯定，希望她今后能够继续保持。处于青春期的孩子，与父母之间总是有或多或少的隔阂与不理解，我们在沟通中让她站在家长的角度，想一下父亲的感受，其实她很爱她的父亲，她也知道父亲是爱她的，既然心怀对彼此深深的爱，对父亲的一点不满和抱怨就容易理解了。当然，最主要的问题还是如何提高成绩，找回原来的自信。在课余时间我督促并帮助她厘清知识的脉络，让她认识到困扰她的那些所谓难题其实并没有那么可怕，点滴的成功帮助她在心理上逐渐强大自信起来，一点一点地走出低谷，恢复成为原来那个阳光自信的女孩。

王同学，女，年龄 12 岁。她非常聪明，学习也认真踏实，老师布置的任何任务都非常努力地去做，完成得非常出色，成绩也很优秀。她比班上的同学都小一两岁，性格比较内向，不爱说话，轻易不跟老师和同学交流，在班中没有什么朋友。她最怕的就是课上被老师提问，站起来之后紧张得嘴唇发抖，一个字也说不出来。往往这个时候周围的同学就会窃窃私语或者发笑，这导致她更加紧张，更加害怕被提问。

活泼生动的物理课激发了她的学习兴趣，她回家之后很罕见地跟父母说了课堂上有趣的实验现象等。她的母亲找到我，跟我介绍了一下她的情况。她是在老家跟在姥姥姥爷身边长大的，一直到初中才回到北京父母身边，虽然从小衣食无忧，成绩优异，但是却一直性格怯懦内向，不会跟同学交朋友，始终孤孤单单的一个人，跟父母的交流也非常少，似乎没有人能走进她的内心。其实她的内心也是渴望像周围的同学们一样，三五成群，有很多聊得来的小伙伴，但是她又非常胆小，不敢去跟别人交流，自己把自己封闭起来，天真地以为只要自己学习好就会有人主动来和自己做朋友。但现实是残酷的，她不走出自己画地为牢的圈子，也吸引不来朋友。

刚开始我曾经试着找她聊天，但是无功而返，因为面对老师给她带来巨大的心理压力，她跟课上回答问题一样，全身紧张，一个字也说不出来。我想，消除她的心理压力是一个缓慢的过程，要让她逐渐适应，急不得。我在课上总是表扬她完成作业很出色，小制作做得很精巧，使她成为同学们的榜样，让她获得大家的认可与赞扬。她的自信心越来越强，慢慢敢于展示自己的能力了。

但我们两个人当面交流仍旧很困难，所以换了另一种方式——笔谈。每次考完试之后她都会很认真很详细地在改错本上写总结与反思，将自己的经验与教训记录下来，有时候会懊悔地骂自己两句，有时候会小小地表扬自己一下，有时候会给自己制定下次的目标激励自己，有时候会写"老师，下次看我的，一定不会让你失望"等。在她的总结中我看到了这个孩子丰富的内心世界，虽然她不爱说话，但是她和其他的孩子一样，有着同样丰富的感受。所以，我每次看过之后都会写上相应的评语，有时是鼓励，有时是指导，有时是告诫。我们之间的交流在纸上默默地展开，改错本就像是两个人的秘密基地，她对我的防范与疏离逐渐减少，偶尔看向我的眼神也多了一分信任与接纳。

解决她不敢在课堂上回答问题的毛病也是一个长期的工程，起初，我在课堂上会提问她一些答案比较确定且简单的问题，比如判断正误或选择一个正确选项，让她很容易就能说出正确答案。她逐渐感觉到，在课上回答问题并不是什么难事，自己完全能够胜任，渐渐地能够回答一些复杂的提问，比较流畅地表达自己的想法。

我还了解到她喜欢看书，课余时间看小说在班上同学之间很流行，有了这个话题，她渐渐地能够加入同学们的聊天谈话中，也有了几个好朋友，课间的时候不再形单影只，周末也会和朋友们小聚活动，父母反映她比原来爱说话了，活泼了很多，我们都为她的变化感到由衷的高兴。

我从教的资历尚浅，并没有非常丰富的经验，但是我始终秉承着八中爱的教育，奉行以爱育爱的理念。作为一名老师，对学生要充分地关心、爱护和尊重，在与学生接触的过程中要多沟通，多了解他们的想法，真正理解他们的开心与难过。

物理组
张　玥

激励的力量

学生天生特别信赖老师，老师不经意的一句鼓励会给学生注入强大的动力，影响学生对事情的态度。

每天忙于日常的工作，一直没有机会停下来好好回忆和总结，而今突然听到初中部已落成十五载，蓦然一惊，原来时光已从身边悄悄流逝。不用费力计算，就大概能知道我送走多少初三毕业生，因为我教化学，只有初三才有，每年我都会送走100多个学生进入高一级学校。我到初中部12年，我也经历了自己成长中重要的12年。在与学生的交往中，我也经历过挫折和失败，面临过困惑与迷茫，现在我渐渐感悟到，理解学生的想法，用真情去交流，用真诚去鼓励，一定能有好的效果，自己也能收获作为教师的幸福感。

记得三年前的一个学生，我会不知不觉地经常想起她，只要我想起她，进入我脑海的首先是她那双会说话的大眼睛，黑白特别分明，炯炯有神。她是一个漂亮的姑娘，因为可爱的面庞，也因为在她身上透露出的一种精神，这是我后来才发现的。

她是一个用功勤奋的学生，上课从来都是认真听讲，没有纪律问题，作业认真、及时，学习的各个环节都认真完成，但是成绩平平。每当考完试，她都会找我分析试卷，问我还能怎么做才能再提高成绩？可是我也很困惑，该做的她都认真做了，真不知道我还能给她什么"灵丹妙药"，我只能鼓励她：不要放弃，不论是学习上还是其他方面，有任何的问题都要及时与老师沟通，凭借老师的经验，也许能很快帮你发现并及时有效地解决问题。只要做了应该做的事情，结果会好的。每当这时，她都会很乖巧地微笑着使劲点一下头：谢谢老师！然后离开。看着她的背影，我心里默默地祈望，让这个孩子体验一次努力后成功的滋味吧！

就这样，时间到了体育会考，我作为本年级的老师，陪同学生们到考点，给他们声援，加油鼓励，像亲人一样做孩子们的坚强后盾，其实我们不能近距离地为他们做什么，但当时老师们真的很真诚，辗转半天，终于找到一个能最接近操场的窗口，挤在那里不遗余力地大声为孩子们呐喊加油，全然不顾嗓子已经嘶哑。事后老师们在一起不禁笑道："这比上三节课累多了！"但孩子们能听到老师的声音，脸上掠过一丝感动，使出全力迈步向前跑！会考快接近尾声了，休息场地上，孩子们几人一堆，坐在地上休息吃东西，或边喝水边谈论着考试时的感受，大部分的孩子脸上都洋溢着胜利后的轻松。突然，有个女生喊我，声音里是抑制不住的激动和急切："陈老师！"我赶紧找声音的来源，是她！正向我跑来，脸上红扑扑的，额头上、脸颊上流淌着汗水，大眼睛分外明亮，洋溢着笑意，跑到我跟前，说："老师，我体育得了满分！"我特别开心，很自然地张开手臂，我们热情地拥抱！她说："我听见您为我们加油了，特别有用，我就使劲地跑，冲刺！跑800米的成绩从来没满分过，今天我得了满分！谢谢您！"我特别开心，因为她的成功体验，也因为我做的一点点，能给孩子这么大的动力，我自豪！

在接下来的日子里，我更多地关注她，她依然如故地认真，上课盯着老师专注地学习，但眼中似乎多了一点自信。一模考试后，我在全班还用她体育考试的例子激励大家，鼓励全班坚持到底，相信胜利属于我们！她微笑着，有点不好意思的样子。但我相信，她更加坚定了决心，她要拼搏！

一年一度的教师节是我们收获快乐和幸福的时刻，毕业生纷纷回母校看望老师，带来问候和感谢。她来了，笑得那么灿烂："老师，我考上四中了，而且还考上了实验班！"我简直不敢相信自己的耳朵！一个普通班的成绩平平的孩子，居然创造了这样的奇迹！这次我们再一次拥抱，为了许多许多。

我会经常想起她，想起她的眼神，明亮而坚定，沉静又自信。想起她

可爱的外表下的坚持和执着。当然，我相信，老师的鼓励也是催化剂，学生天生特别信赖老师，老师不经意的一句鼓励会给学生注入强大的动力，影响学生对事情的态度。我要经常使用这个"灵丹妙药"，让更多的学生能体验到这种快乐，爱学习，爱拼搏！

化学组

陈 蓉

教育是需要等待的

叶圣陶先生曾说过："教育是农业，不是工业。"教育是慢的艺术，这好比是万物都有季节轮回，不能背离。

教育是一个潜移默化的过程，它饱含着一种期待的情怀。因为孩子们接受教育需要一个过程，需要将外在的教育内容内化为自身的素养，一切均需在潜移默化中进行。

两年前我接手了一个初二年级的普通班，班里有一个叫松玉龙的学生。每次英语测试，不管是难还是简单，他总是二三十分；上课从不举手发言，但会一直盯着老师看，请他发言时却什么也答不上来。刚开始我认为这个孩子可能英语基础不太好，因此每天中午都会花半个小时左右让他到我办公室，给他补一补音标和发音规则，教他如何根据读音记背单词。但每天教给他的东西，第二天只能记得 10％。于是，我跟他父母联系，希望他们能回家后监督孩子复习。可是，父母说他们家在郊区，孩子每天得花两小时在路上，回家后他得先给生病的奶奶喂饭，然后自己吃饭、写作业，每天九点多就得睡觉，否则第二天起不来，他的父母一般都是孩子睡着了才到家，所以他每天回去后至多能把作业写完。

可能是由于我自己的成长经历，我原来一直认为孩子的健康成长是一个家庭的核心，作为父母应该牺牲自己的一切来保证孩子。可能是年轻气盛，我和他的父母提议是不是可以在学校附近租房来保证孩子的学习时间；或者父母一方能花一定的时间来照顾家庭和孩子的学习……但是我的善意的提议都被他们一一拒绝了。我开始埋怨这对家长，觉得他们对自己的孩子不负责任。但和本组的几位老师沟通后，我明白也许这个孩子的父

母真的是出于家庭困难不得不这样做。而这个孩子，他能够放学后照顾自己的奶奶，是一个多么善良和有孝心的孩子；他能够理解自己的父母并且不去抱怨他们没有给自己提供好的学习条件，也是在这个年代很少见的。当我不再只关注于这个孩子的分数时，我发现他身上有很多优点：每次的作业虽然有很多不会的，但他都字迹工整地努力完成；课间他总是会问老师需不需要帮忙拿东西，把老师送回办公室；他是班里的卫生委员，每天他都最晚回家，帮同学把没有弄干净的地方打扫干净……这与现在大部分孩子身上的自私、没有责任心形成了鲜明的对比。

于是，我想我不应该在学习上给他提过高的要求，我应该让自己慢下来，等待他慢慢地进步，而不是希望立竿见影。一直到初三毕业，他都是我办公室里的常客，有时默几个单词，写几个句子，做一篇小阅读，有时只是聊聊天。我无法改变他的家庭，无法左右他的学习能力，但至少我觉得作为教师我尽到了自己的责任。

现在，一到假期他都会回初中看我，说他现在在职高学宝石鉴定，挺开心的，也是班里的班委，学校伙食很好，觉得自己其实不是块儿学习的料，一看书就爱犯困，学门技术挺不错的。

每个孩子的能力、基础、习惯等方面的差异决定了他们发展的多样性和复杂性。孩子们认识事物有其自己的规律，我们不能用一种标准来衡量所有的孩子，也不能用一种标准来要求孩子的各个方面。学校不是工厂，不能按照统一的模子把学生加工出来。所以我们需要首先了解孩子，知道他的长处和短板，然后设立合理的目标，让长处更长，补齐短板，同时要在教育中期盼，在期盼中观察，在观察中寻找教育的契机，同时在期盼中不断播撒爱的阳光，让期盼充满憧憬、寄托希望、满怀向往。

英语组
王瑾瑢

青春是一本难懂的书，我愿做读书人

每一位青春期的孩子就像一部难懂的书，老师首先要尝试去读他、读懂他，才能去引领他、改变他。

故事背景

我教的班级里有一位女同学，语文和外语成绩都不错，就是数学成绩一直不太好。通过一段时间的观察我发现，她的数学基础并不太差，关键是对数学不感兴趣又缺乏信心。原因在哪里呢？我一直在留心观察她，又一直找不到原因。

有一天，她拿着一个本子给我，上面写着那孩子家长的一段话："林老师：××的数学成绩一直很差，作为家长我们很着急，我们打算和您建立这个联系本，您能把她在学校的表现写在本上吗？"起初，我同意了他们的这一要求，而且每周都写写这个同学的表现反馈给家长。有一次，这个同学的数学成绩有了进步，我在练习本上表扬了她，结果第二天就接到了她妈妈的电话："林老师，对这孩子一定要严，我发现一给这孩子笑脸，她的成绩就退步。"

我抓住这个机会，与孩子妈妈继续聊下去，她反复强调孩子数学成绩不好："这孩子数学成绩就是不好，有一次她小学四年级换了一个数学老师，我跟他说这孩子数学差，老师还不相信，可过了一学期后，老师就告诉我，她确实学不好数学。"

放下电话后，我终于明白了这孩子数学成绩不好的原因：不管她再努

力，永远是"负反馈"，得不到笑脸，家长已经给她定了性，数学就是差，这给了她很强的心理暗示。

尝试解决

怎样处理这件事？我觉得恢复这孩子对数学学习的信心，是最关键的一件事。

于是，一方面，我背着孩子又和家长通了一次电话，告诉他们：用我的办法一定能提高她的成绩（其实我心里也没底），一是取消联系本，信任孩子；二是告诉孩子，老师说她数学好像开窍了。另一方面，我又当着这个学生的面，给她的家长写了一封信让她带回去。信上指出这孩子学数学的优势：细心，基本功扎实等，同时也不客气地指出，家长对她要求过严，她已经足够努力。这孩子看完这封信眼圈就红了，可以看出她有多委屈。从此，联系本取消了。后来，尽管我对她的学习并未给予过分的关注，她的成绩反而稳中有升，初二期末数学考了 91 分。

案例反思

每位教师都希望能教出优秀的学生，所以，当学生成绩不理想时，老师常常很苦恼。对于初中的学生来说，大多成绩不理想的原因，不是智力问题，而是学习的主动性不够、兴趣不足、学习习惯差等，怎么办？给他们补课、请家长、利用午休时间"盯着"孩子补作业、改错……负责任的老师大多会这样做，我也曾这样如此努力，却又常常受伤，我向学生发脾气："学习是你的事，还是我的事？为什么我着急，你不着急？"

后来我省悟了：每一位青春期的孩子就像一部难懂的书，老师首先要尝试去读他、读懂他，才能去引领他、改变他。不喜欢学习的原因很多，老师首先应该查清楚病因，才能对症下药，否则治标不治本，当然徒劳无功。

案例中的女同学，数学成绩不好的原因显然是出在家长身上，所以，我想办法解决了家长的问题，孩子的问题也就迎刃而解了。

这个女孩子的例子启发了我：作为教师，不能总陷于平淡、琐碎、重复的工作中，教书首先要育人，育人是门艺术，要用心去做。学生不信服老师，也很难学好你这门课。再举两例：

一、你来当小老师吧！

我们班有一位男同学，上课听讲特别不认真，我曾经多次点他的名，也没有什么效果。用什么办法让他改掉这个毛病呢？我把他叫到办公室，请他坐下，接着我问他我讲课还有什么不足，我没有提他上课不好好听讲的毛病，而是这样问他："你上数学课，什么时候不喜欢听？"他看老师不但没有批评他，还听取他的意见，就高高兴兴地聊开了，告诉我两个不喜欢：一不喜欢我讲定理推导的过程，他认为只要记住定理的结论就行了；二不喜欢他已经会的题老师还讲个没完。聊得高兴，他还给我提了意见："老师你上课老提问那几个爱举手的同学，好多问题我也会，您从来不叫我，还老批评我。"我问他："你为什么不举手呢？"他说："上中学了还举手，真傻！"

学生听课不认真是有多种原因的：有的学生自制力差，有的学生自认为已经会了，有的学生根本听不懂……如果不问原因，不分青红皂白就加以责备，不但达不到教育的效果，久而久之，有的学生还会产生逆反心理，增加教育的难度。

有一句话叫作"沉默是金，聆听是银"，要想解决问题，教师首先要学会倾听，只有搞清楚学生出现问题的原因，才能捕捉到他内心的需要和愿望，对症下药，采取孩子愿意接受的方式、方法从根本上解决问题。

此后，我让这个男同学每星期给其他同学讲两道题，给他施展"才华"的机会。不久以后，不但他听课有了进步，数学成绩也进步了不少。

二、改错本——我与孩子沟通的一座桥

处于青春期的孩子常会遇到许多烦恼，遇到困难时，他们很想找人倾诉，但又不像小时候那样说话毫无顾忌，很多时候学生因为好面子、怕老师批评等原因，压抑和封闭自我。所以教师应尽量想办法让学生倾诉，给学生提供一个良好的交流平台。

用什么样的形式进行交流呢？孩子的性格特征各不相同，交流的方式、方法也应当因人而异。我个人认为，这之中，书面的形式不失为一种较为有

效的方法。对于性格内向及相当一部分女同学，这种方式或许更为适宜。这样做有两个好处：一可以避免孩子不好意思，二可以照顾到每个学生。

每次学生的试卷，我都要求学生在改错本上改错，在改错本上的话，一般只有我和学生本人能看见，于是，学生的改错本就成了我与学生交流的一个渠道。

我让学生在本上写下他们对数学学习感到困难的地方，我对他们进行鼓励和帮助，这样坚持了一段时间，我竟然在一个学生的改错本里发现了一封信，她这样写道："亲爱的林老师：您好，我很愿意和您在纸上交流，在小学时，数学便是我的'老大难'，不太令人满意的分数，甚至叫我怕起数学，与数学老师之间的交流更少了，出入数学办公室好像是一场大难又将落在我身上，我总是做好心理准备才冲进去。一场场数学考试完后，发下卷子时，连我自己都不想再看它。踏入初中，第一节数学课的小小测验得了个满分，让我觉得十分容易，感到自己似乎重生了，接下来的大考小考一如既往，在每一次考试后得到的分数只要高了1分，您都会鼓励我，要我沿着这一点点往上走……现在我感到您是教我数学的老师中第一个不让我怕的……"最后她写道："您能做我的好朋友吗？"还画了一个😊。看完这封信，我激动了半天，这是一个很不起眼的学生，不爱说话，这样的学生很容易被老师忽略，我很少注意她，在改错本上也总是三言两语，没给她写过很多的话，没想到对她却有这么大的作用！这次我也给她回了一封信，告诉她我看完信后激动的心情，并且说："我们已经是好朋友了，不是吗？"在上课时我有意识地关注了她一下，发现她亮晶晶的眼睛一直看着我，听课非常认真。

以后在改错本上，我也经常用😊，有时也跟学生开开玩笑，这种朋友式的交流，让我能及时发现学生的问题并加以解决，也增进了我和同学之间的感情，改错本成了我与孩子沟通的一座桥梁。

青春是一本难懂的书，我愿做读书人。

数学组
林志红

从"借读生"到"优秀生"

> 每一个学生的成长都需要理智而积极的等待。但是这个过程或长或短，所以我们教师的耐心与坚持便显得更为重要，因为它会给学生以强烈的暗示——努力坚持，永不放弃，就会成功。

中考成绩出来时，面对澍的成绩，我既欣慰又隐约有点担心，因为参照往年535分是一个可进可退的分数。如我所料，澍的父母心急如焚地给我打电话，询问是否进八中有定数，并诉说澍对此作"无所谓"状，他们万般无奈。我在劝说他们耐心等待的同时如释重负。因为，我明确地从他父母的言谈中体察到了澍在面对这种人生挑战时所体现出来的成熟与沉稳。我深信他不是不在乎，而是知道应理性地把握自己的焦虑并进行合理调节。作为他的班主任，我深知他经历了怎样的历练才具备了这种对其终生发展都至关重要的能力。

澍的表现和我的做法。

初一：

他是借读生，没有正式学籍。成绩在班内后进，偏科严重，尤其数学经常不及格。

我观察他有一些自卑，但骨子里透出的认真劲让人感动，我从内心相信他将来一定能成为优秀的中学生。于是，我安排他做生活委员。他很尽力，我抓住一切机会肯定他的工作，并帮他想办法把班委工作干出特色，以此提高他的自信，树立他在班中的威信。我时常跟数学老师沟通他的问题，发现他在小学时没有经过太多相关训练，基础较弱，但对于数学老师强调的知识与方法，他会有意识地记忆运用，尽管成绩不理想，但是能看

到不少闪光点。我把了解的结果告诉他，肯定他的学习状态，激励他以同样的状态投入其他科的学习，但劝他不能操之过急。其实，我也是在劝自己。

初二：

通过努力，他的部分学科成绩时不时能达到中游以上位置。他品行优良，又能很出色地履行班干部的职责。这一年，他顺利入团，并有了正式学籍。

我抓住他单科成绩进步的契机和他争取入团的积极性，让他在全班总结学习进步、工作出色的原因，引导他注重强化学习习惯，以期达到巩固其良好学习习惯的目的。他做得很好，并且带动了一批人。我借机鼓励他们形成竞争互助小组，他（们）的学习热情日益浓厚，班级工作更是如鱼得水，游刃有余。

初三上：

他的总成绩在班内起伏不定，加之中考大氛围的影响，他压力日显，甚至有点诚惶诚恐。同时，他对自己的成绩定位不够客观，并开始对自己的各方面能力有所怀疑。

我带他分析初三学习的特点：应考科目多，知识密度大，同学状态不一，所以出现成绩上下浮动，心理压力增加，班级工作遇阻等情况都是正常的，我努力从心理层面上解决他对自己能力的怀疑，从而让他放下包袱，轻松上阵。同时我刻意安排与他关系密切的学生约他长跑、打篮球，通过运动释放压力，做好身心的调整。

初三下一模考试：

他考砸了，主动来找我，因为他感到茫然。

我告诉他："考砸了，才值了，因为它在最大程度上展现了你的不足以及亟待解决的问题，为以后的复习指明了方向。"我跟他一起分析各科特点，提出建议，制定计划。同时联系家长，为他提供心理上宁静的后方保障，因为他的部分焦虑来自父母的期望与压力。并且我帮他约见心理老师，理顺他的思路。

初三下二模考试：

他的成绩又不理想，我主动找他，一番深谈后，他心情释然，反过来安慰我。

我跟他说："祝贺你，这次考试对你最有意义。它能约束你直至中考的前进方向，促使你很好地抓住最后的契机，善待这个结果！好好利用它吧！"他点了点头，只说了一句话："老师，您放心，我应该没有问题！"我跟他对视点头，说："我相信。"

中考：

他有惊无险地被八中录取，我们互发信息，我欣然，他坦然。

录取通知书下来时，我跟他说，好好总结这三年，那是你终生的财富，摔倒时，回看一下，你一定能从中获得动力。

高考：

他很顺利地考入北京邮电大学。迄今为止，他和他的父母都会主动跟我分享他在生活和学习中的进步与体会，当面对选择和问题的时候，依然会征求我的看法和建议。而我也乐在其中，为人师者，这份难得的信任与永远的牵挂是一份沉甸甸的幸福。

反思

（1）教师应该用心观察学生，在第一时间找准鼓励、激励孩子的最佳切入点。

（2）在看待学生的成绩时，教师要科学理性，而不应过分急于求成，要给孩子充足的进步空间与时间。

（3）不因成绩的起伏盲目给学生定位，同时尽力引导家长将对孩子的期望值定位在合理的范围之内，避免给孩子带来人为压力。

（4）教师应通过多样化的角色设置让学生的自我评价趋于多元，力求避免其进行狭隘的自我定位，进而引导其摒弃自我怀疑与否定，并以此为突破口，带动其他方面的发展。

外语组
唐保花

创造性教育是教师快乐的源泉

> 引导一个学生从不爱学习到热爱学习，对于教师来说是一个创造的过程。

身为一名教师，每当与学生在一起的时候，我经常会想起张凤兰校长在班主任手册中对各位班主任老师的寄语："教师到哪里找寻快乐？教师只要沉下心来，细心观察，就会发现：我们的学生原来是那样可爱，他们本身就是教师的快乐的源泉。对于智慧的教师而言，教育不仅是劳作，更是创造；对于创造的教师而言，教育不仅是扶持，更是幸福；对于幸福的教师而言，教育不仅是瞬间，更是永远！"回想十余年教学生涯，迎来送往的学生的稚嫩面孔呈现在脑海，仿佛就在眼前，我由衷感觉到每个孩子都是善良的种子，有待家长和老师精心的培育，成长为参天大树，成为一个身心健全、对社会有益的人。

那一年刚刚开学，A同学很快进入我的视线。他是一个智商高但学习不认真的孩子。上课注意力不集中，不是画画，就是看杂志，有时课堂上自言自语。对于这样一个很多教师头疼的学生，我也曾私下里希望，如果他请假不来上课该多好啊！过了一段时间，我发现，A同学非常热爱集体，班里只要打扫卫生，他总是干着最苦最累的活，而且干得那么认真、那么仔细。虽然不是课代表，他每节课前都会主动到老师办公室搬仪器、抱作业，同学们有困难他总是第一个冲在前面，为大家排忧解难，这深深打动了我。面对这么一位优点和缺点都如此突出的孩子，我突然意识到，作为一名教师，我有责任引导他主动改正不爱学习的缺点。

经过反复思考，我决定充分肯定他集体责任感强的优点，从而获得他的信任，建立良好的私人感情，再设身处地进行沟通。别的同学在做值日，我都会在旁边进行监督，A同学值日时，我会鼓励他，"你干活老师放心"，放手让他独立完成值日。这样的做法，让A同学干得更加认真仔细，而且做得更多。同学们丢弃的废旧瓶子，他会主动收好处理，定期变卖作为班费；在给贫困学校捐助的义卖会上，他都是叫卖最起劲的学生；课前他都会到各科老师的办公室帮老师拿试卷、抱作业、搬药品和仪器。更重要的是，和老师的感情更加亲近，解除了戒备心理和抵触情绪。一次考试过后，我主动找他谈心，结合他集体责任感强的情况，告诉他学习不仅是自己的事，一个人的学习态度和学习成绩都会对班集体产生影响。就快要中考了，中考是同学们人生中经历的一次重大考验，班里的其他同学都在努力学习，个人在课堂上不遵守纪律将会影响其他同学，个人没有认真听老师讲课，老师再讲解时会耽误其他同学的时间。个人的学习成绩不仅是自己的事情，拉了班级的后腿在某种程度上也是不爱惜集体荣誉的表现。A同学听了之后沉默了，虽然当时没有表态，但是后来的日子里，我能感觉出他在用心学习了，阶段考试成绩由63分上升到86分，取得了长足的进步。A同学很开心，学习也更加认真，我也为他的转变感到发自内心的高兴。

　　因材施教，是伟大的创造工作，是无数创造的积累和叠加，正是这样的积累和叠加，才有了桃李满天下的结果。"十年树木，百年树人"。教育是艰辛复杂的过程，在这个过程中取得的每一步成功，都会让人感到非同一般的快乐和幸福！

化学组
姜映薇

"浸润式" 德育故事四则

> 一个好的德育工作者，需要运用头脑，开启智慧，利用多种教育手段，才能帮孩子们解决各种问题。

（一）

我们班有一个生活在离异家庭的女孩子小叶。开始她的父母没有告诉我她家里的这个情况，我在家访时只了解到她母亲长期驻外地工作，她由父亲带着。而她也把这个秘密保守得严严的。

在班里，她的情绪不错，外表上也看不出什么。经我细心观察，觉得她心理上存在着严重的障碍，并且有两件事引起了我的关注。一件是她明明学习不错，尤其是语文成绩很好，我在刚开学时还曾指定她做语文课代表，但是，在一个月后的改选中，她却根本不参与竞选，甚至同学提她的名字，她就狠狠地瞪那位同学。竞选结果出来，她没有当选，却在座位上伤心地哭起来，我去问她，她说她特别想当这个课代表，但又害怕竞选失败。

第二件事是一次数学考试，她考得不太好，中午没有吃饭，我听说后找到她想开导她，可是她没有分析错误原因，而是把卷子撕得粉碎，边哭边说："他们都有爸爸妈妈给讲题，就我没有！"眼睛里充满了怨恨和不满。我听了以后，心里觉得特别难受，觉得一定有什么在影响着这孩子的性格发展。我必须采取措施。

我约来了她父亲，进行了一次长谈。我给他摆出了这两件事，并说出了我的担心和忧虑，希望他和我一起分析原因。他父亲被我的真诚所打动，这才向我一一道出了真相，还说孩子在家里非常不快乐，动不动就大哭大闹，发脾气摔东西，弄得他也很痛苦。只有当她妈妈回来时才好些。我对他父亲说，孩子长期这样在班里压抑自己，在家里又情绪发作，会造成她性格的扭曲，必须想办法解决。她父亲表示了对我的支持。我又趁新年期间约来了她回京休假的妈妈，告诉她孩子多么需要她，这位母亲情绪难以自已，伤心地落下了眼泪。

当然，作为老师，我们无权去干涉或介入别人的家庭生活，但我们如果能从孩子的角度，给家长一些善意合理的建议，应该也不无裨益。后来，孩子的母亲回京工作，她就跟着妈妈一起生活，情绪也开朗了许多，现在，我终于能在这个女孩子的脸上，找到真正属于她的笑容。

（二）

我们班的一个男孩子小靳从一入学就显示了他的实力，入学教育的总结他写得文从字顺，富有激情。上台演讲声音洪亮，举止大方，给同学们留下了很好的印象，我也对这个男孩子非常欣赏。他在小学时的头衔和获的奖简直是举不胜举——市区级的"优秀学生"和"三好学生"，"中华小记者"的主力队员，"东方时空"还专门采访过他……似乎是顺理成章的，我指定他做了新班级的新班长，试任期一个月。

在开学初的一个月里，虽然忙乱，但我还是很留意地观察着班里每一个孩子，希望尽可能早地熟悉和全面了解他们，而他，不用我留心，在各方面都很打眼。他性格外向，工作热情很高，学习也积极主动。但是，我也逐渐发现他身上存在着一些明显的弱点，比如做事比较毛糙，想问题比较简单，最主要的是他不太善于与同学合作，总是嫌这个不配合他工作，那个又不听他指挥，因此他的许多"班级大业"都无法按照他的计划进行。而班里也有一些同学对他有了意见。眼看一个月就过去了，我已经在班里宣布过，一个月的临时班委到期，就以竞选的方式进行正式干部的改选。

他还是自信满满的，不过我倒是有些担心，我觉得这个孩子一切都太顺利，造成了他有些妄自尊大，即使是在一个人才济济的班级里，他也目

中无人，而且缺乏面对压力和竞争的机会。因此，我准备对他实施点"挫折教育"。

我找到了班里的另一个男孩，他也是一个极有头脑的孩子，一直品学兼优，但没有自信去竞选班长，我鼓励他参加即将举行的竞选，并帮他分析了他的优势和特点，这个孩子非常高兴，自己也觉得有了把握。

改选会上最激烈的就要数班长竞选了，小靳和那个男孩都精心准备了非常好的竞选演说词，在投票时，两人票数势均力敌，看得出小靳非常紧张，脸红红的，而最终以两票之差落选的他，显得非常不自然。刚一下课，他就跑进卫生间哭了。我等他出来，先稳定住他的情绪，然后跟他进行了一次推心置腹的谈话，让他从根本上认识到这次失败的真正原因，让他自己把问题摆了出来，然后又让他自己提出了解决的办法，最后他说："老师，这次我被打败了，不过我不服输，我要把班长争回来。"看着他破涕为笑，我觉得这次"挫折教育"成功了一半。

在整个一个学期里，小靳一直跟后任班长是铁哥们，看得出他在有意跟他学一些工作方法，在各方面也谦逊随和了很多。第二学期刚开学，又要进行改选了，有意思的是，现任班长大力鼓励他参加竞选，而最终的结果，小靳果然又当选了班长。

优等生需要"挫折教育"，一些成绩一直优秀、没有经历过失败挫折打击的孩子，非常容易一遇到小挫折就引发大的情绪波动。而如果不及时进行挫折教育来矫正，将来走入社会，面对生活，也许会措手不及，造成严重的后果。通过这次"挫折教育"尝试，我不仅了解到挫折教育的意义，更加知道做一个好的德育工作者，需要运用头脑，开启智慧，利用多种教育手段，才能帮孩子们解决各种问题。

（三）

小邢是个住校生。我每次向宿舍老师了解这个孩子的情况，老师一定会称赞他，因为这个孩子的生活习惯与行为习惯都很好，从不用老师监督催促，在起居、锻炼，以及学习自觉性上都要好于别的住校生。而在班里的学习生活中，小邢也是非常优秀的孩子，倒不是他的学习多么拔尖（他学习成绩始终处于班里的第十名左右），而是他身上体现出的教养、学习积极性以及达观的处世态度很让人欣赏，他担任小组长工作，就把值日管理得井井有条；他担任篮球主力为班集体比赛，就认真训练，与其他队员配合得非常默契。学习上，我和各科任老师一致认为他学习主动、有热情，不过于看重一时成绩，心里有数，不温不火地进步，学得非常坦然、扎实，有很大的学习潜力。

因为住校，我和他家长联络得比较频繁，每周五接孩子的时候，他的爸爸妈妈都要来和我打个招呼，用几分钟了解孩子的情况，在与家长的沟通中，我发现小邢有一对非常智慧的父母，教育和谐宽松，造就了一个优秀的孩子，我们可以一起来关注以下几点：

第一，与孩子有良好的亲子关系。

不要小瞧这一点，好的关系胜过许多教育。父母什么时候与孩子关系好，对孩子的教育就容易成功；什么时候与孩子关系不好，对孩子的教育就容易失败。

小邢的父母与孩子看起来像是朋友，这之中有信赖和尊敬，不仅外人能看出来，小邢有时也写在周记里，记得他说过这样一件事：有一次他因为在操场上踢球被学生处老师批评了，还扣了行为分和班分，这让他非常沮丧，但他没有向父母隐瞒，而是在周末回家时向父母说了这事，因为他知道父母从来不做"法官"，而是只做他的"律师"，帮他分析问题。果然，他的父母知道孩子酷爱足球，答应他每周末一定带他去正规运动场踢，然后告诉他在学校踢球的危害，最后要求他周一回到班里在总结会上向同学们致歉并倡议同学们不在操场踢球。在整个事情中，父母非常明智地知道，了解孩子的第一要诀是呵护其自尊，维护其权利，只要成为其信赖和尊敬的朋友，那么父母的任何要求孩子都会欣然接受了。

第二，家长把培养孩子的良好习惯作为重中之重，而不只关心成绩。

我印象最深的就是小邢父母每次来向我了解孩子情况，从来都不问孩子的名次，而是主要关心以下几个问题：孩子上课是否集中精力听讲？听课持续时间能否达到一定要求？作业完成质量如何？字迹是否端正、清楚等，这些都是非智力因素，但对学习成绩的提高却相当有影响力。我们可

以看到家长的关注点是什么，他们知道只要这些做好了，孩子的成绩没有理由不好，而偶然一两次的失误，根本不算什么，在这样的教育下，小邢始终乐观开朗，心理素质好，从不惧怕考试。

小邢有着比较好的学习习惯，如按计划完成任务、认真写字、慢慢看课本、整理错题、随手笔记、高效率考试、自主作文等。其实，正派、诚实、责任心、爱心、合作精神、讲究效率等品格都可以通过习惯培养来养成，而良好习惯的养成绝非一日之功，他的父母主要原则是：严要求，慢节奏，多沟通，勤矫正。

第三，孩子父母非常注重吸引孩子热爱学习、引导孩子学会学习。

因为住校，其实小邢的父母对孩子的学习参与并不多，只在周末了解他的学习状况。但正是这种间隔的参与，恰到好处地体现了父母在孩子学习中应该扮演的角色，那就是只起到引导兴趣和指导方法的作用，而不应该过分干预。

小邢不止一次地在周记里写到周末在家父母与他一起读书的情景，爸爸妈妈还与他讨论情节，交流看法。他在总结里也写道："我的进步多亏了和妈妈一起读书背书，边读边谈；我们一起练习背古诗文、一起练字……妈妈虽然不能事事、时时陪我学，可是她总是尽量挤出时间和我一起'努力'。"

家庭里的学习气氛对孩子有非常重要的熏陶作用。父母经常性地读书学习会感染孩子，在安静的学习环境中耳濡目染，孩子能很快进入学习的情境中，情绪稳定不易分心，从而能够培养孩子的综合素质。孩子遇到学习上的困难，小邢家长也不给予具体指导，小邢说："爸爸妈妈从没给我讲过一道题，都让我自己问老师同学，他们不是不会，是想让我自己想办法。"

总之，这对明智的父母使孩子在初中阶段发展得比较顺利。教育是三分教，七分等。停下来，等一等，给孩子倾诉的机会，和孩子有效地沟通，不用教育就能解决很多问题，孩子在成长中才能自由、坦然地走得更稳健。

（四）

小陶是我在教书生涯中遇到的为数不多的聪明而有才华的孩子：写一

手好字，精通历史，古典诗词功底深厚，对看过一遍的书几乎能马上背下来，他文科的优势比较明显，对理科的学习一开始也并不吃力，刚上初一时学习成绩位于班中的中等偏上水平；然而，小陶又是我见过的内心最为纠结、行为最为矛盾的孩子：进入初中以来，他缺乏学习兴趣，课上发呆，吃手严重（指甲已经被他啃得血肉模糊了），对班里的事情漠不关心，逃避值日，与同学相处不好，最为明显的一个问题就是他不能挨批评：年级组长杨老师说他做操不认真，他就对杨老师怒目而视，坚决不接受；外教老师说他不好好听课，他对外教竟然拍案而起，愤然离开了教室。

这个孩子的逆反表现相当严重，作为他的班主任，我在对他实施教育的过程中，逐渐发现这个孩子的背后，家庭教育的问题浮出水面，这个问题一直困扰着这个家庭，困扰着孩子，也困扰着我，使其整个初中阶段无论是心理还是学习都不那么顺利。

现在我们可以反思一下其家庭教育的几点问题：

第一，家长没有做好小升初后孩子的心理落差的调整，让孩子的学习动力中断。

小陶在小学时聪明伶俐，深得老师同学赞赏，进入初中后一段时间学习下来，他觉得自己的优越感一扫而光。其实这时候，绝大多数学生及其家长都面临着重新审视自己学习位置的问题。但是，小陶家长并不能承认退步的严峻现实，只按照小学形成的心理定式一味责备孩子，他的妈妈找到我，不信任地对我说："以前孩子学习成绩是很好的，老师经常夸他聪明。"在她眼里，聪明是评价孩子的唯一标准，也是影响孩子学习好坏的唯一因素。她在家对小陶唠叨："瞧人家，成绩仍是班级领先，可你呢？"一副莫名惊诧、沮丧的样子。于是，这位妈妈自己赤膊上阵，道听途说，买来一大堆学习参考资料，冠以"勤奋出天才"的至理名言，命令孩子加班加点，希望以此提高成绩。而孩子本来就处于心理焦虑时期，对自己的能力产生了怀疑，这时候不仅没有得到父母的鼓励，反而备受责难，所以孩子的厌学情绪严重，非常消极地对待初中学习的压力，缺乏学习热情，自暴自弃。

其实，家长欠缺的，是给自己孩子正确、合理的定位。问题出在家长

没有体会到小学与初中学习特点的不同，才产生了这种不适应。由于学生年龄特点，小学老师偏重趣味性、生动性，目的是调动学生学习兴趣；而升入初中，老师更多关注知识规律，关注思维能力培养。同时，在具体操作上，家长不知道"一口吃不成一个胖子"的道理，一味贪多求快，贪全求深，一蹴而就，立竿见影，他的妈妈恨不能让小陶第一次期中考试时就来个班里前五名，没有一步一步引导孩子达成目标，没有让孩子把发展目标转化为发自内心的一种需求，从而产生不了进取的动力。

第二，家长不能尊重孩子人格独立发展，过分强势，造成孩子逆反严重。

初二上学期期中考试，小陶成绩下滑严重，我找他分析原因。以下是一段我和他的对话。

陶：我现在根本不想回家写作业，就到附近的麦当劳写，写完了再回家。

师：为什么？那样怎么能专心？

陶：烦我妈，还有我爸，在家里我们家就大混战，不是我和我妈打，就是我和我爸打，要不就是我妈和我爸打。

师：为什么要打？

陶：都为我学习。我妈说我是尾部生，特别懒；我爸从小也没管我，那时候说我聪明，现在说我笨，说我妈没管好我。

师：那他们现在怎么帮助你？

陶：千万别让他们帮我。帮我就是和我拧着干。上小学时，我想练毛笔字，她说耽误学习把毛笔给我收起来了；上初一时，我喜欢看历史纪录片，她说不务正业就把所有的光盘扔了。她就知道带我到处上课外班，只学考试考的东西。什么都不让我干，没意思……

我们看到，小陶的父母对孩子从小就监督严格，喜欢把自己认为正确的东西强加于孩子，处处训斥孩子，支配孩子的活动，使孩子言听计从，很少去发展孩子的主动性。这样教育的孩子表面上看是乖的，但因他们的独立人格没有受到尊重，往往表现出自我抑制、没有信心的个性特点：小陶就是这样，一旦某次考试失利，他就反应过激，觉得自己的努力全是白费了，就打不起精神来，意志品质很差，需要老师劝解开导多次才能有所缓解。而且，这样的孩子小时候想反抗却不敢，到了青春期有能力反抗了，就开始被动反抗，并逐步进入公开反抗。他与父母的僵持一直延续到初三，孩子始终不能理解父母的教育。

第三，家长关注孩子的学习状况大于关注孩子的心理需求，造成孩子人格发展不良。

小陶妈妈以高压控制和题海战术迫使他"沉溺学习"的做法直接导致了他对学习的厌恶和做题的逆反心理，使他经历了痛苦的学习过程，使大脑经常处于一种抑制的状态，所以，到初三时，他即使看似坐在那里学习，其实学习的效率早已降低了，最糟糕的是，学习的巨大压力又反过来让他在班里感到极端自卑，而其表现就是自私、冷漠、无礼，有机会就做一些破坏公物的事。有一次我忍无可忍地把他爸爸找来，谈他冲撞老师的事，他爸爸却避重就轻，最关心的事是这次儿子考了第几名。

小陶曾经和我说，小时候他父母常跟他说：你学习好了才能玩、你成绩上去了我才会给你买这个、你是好学生我才爱你……爱，如果带上了这样的附加条件，孩子会认为父母真的爱他吗？

与小陶家长的接触中，我还发现其父母双方管理意见不一致的特点：夫妻双方不平等，教育理念不一致，一方霸道，比较强势，看不起对方，不能给对方应有的尊重，一旦孩子出现了问题会指责对方，不能在孩子心目中维护对方的尊严。这也造成了孩子内心的扭曲。

一个可造之材，初中生活就这样别别扭扭地过去了，虽然在中考中他的成绩还不差，但作为班主任，我内心特别不舒服，几分惋惜，几分挫败，几分自责，也有几分希冀，希望这个孩子能在今后的学习生活中矫正自己，希望孩子的父母能有所反思，与孩子和谐相处下去。

语文组
穆 聪

静待成长

要关注你的学生，他们是祖国的未来。教育的短期效果可能不明显，但我们投入的工作，会产生长远的效益，甚至对学生的一生都是有意义的。首先要教会学生做人，然后做学问。

永远记得六年前的清晨，以八中教师的身份踏上了讲台，在这里我体会到了深深的快乐。

良好的工作环境，和谐的同事关系、师生关系、上下级关系，充满了爱与智慧。老师们努力工作，用爱和智慧照亮学生的心灵，享受着自己的教育人生，享受着作为教师独有的紧张、快乐、忙碌、充实。教育是一项事业，最崇高的事业，我很幸运与快乐，有着这么多可爱的学生与敬业的战友，有了放飞自己梦想的机会。

也永远记得大家的叮嘱："小伙子，好好干！咱们这个职业要对学生负责，要讲'良心'，要用'智慧'。这个职业、工作是没有'底限'、没有尽头的。""在八中，要做德才兼备的老师。"现在我还在深深地品味其中的含义，并为之努力着、思考着。

一、爱、感恩、责任

每次提笔，首先想到的就是要感谢很多人、很多事。其实这其中包含着大家对教育那份沉甸甸的爱与责任。

工作刚刚开始时，很多问题感到棘手，也总想找到最好的方法、做到最好。但经验不足，显得手忙脚乱，在全心学习的同时，也虚心向老教师请教。令我感动的是，当我请教老师们问题时，他们都会放下手头的工作，细心、深入地解答，准确、到位，又特别真诚。最后一定提出建议，指出我做法的正确与错误之处。在他们眼中我看到了长辈对晚辈的殷切希望、领导对下属的关爱、同事间的相互帮助与鼓励。每次与老师们谈话，哪怕简单的几句，也使我的思路清晰了很多，充满了干劲与激情。很多老师给予我很多的关注，无论是心理上还是业务上，都默默地帮助我。遇到问题，大家会及时讨论，甚至争论，但都是公平的讨论，没有偏见，执着地探寻问题的答案。

同时被大家的敬业精神和工作热情感动着、鼓舞着。课上，老师们激情、细致地讲课，课下的点滴时间也是与同学们激烈地讨论、答疑、谈心，其间洋溢着快乐与笑声。放学后，还能看到办公室的灯光，批改作业、答疑、备课，干得仍然是热火朝天。食堂、楼道、办公室都是我们讨论问题的地方，一谈到学生、教学，老师们总是活力十足、充满了激情。很多老师工作量较大，我能体会到他们的压力与辛苦，但大家总是满面笑容地工作，每天特别早地来到学校，很晚才离开，没有丝毫抱怨、松懈。刚开始工作时，一位老师给我留下了极深的印象：作为她们班的副班主任和物理老师，她向我很全面地介绍了班里的情况，包括每个学生的特点与兴趣爱好、家庭情况、平时表现等，细致而全面，我甚至有些震惊与疑惑——她是如何把握如此繁多、详细、深入的材料的？后来，我明白了——是她对学生无限的爱和对工作的深入、细致、负责的态度。同时，她也教给了我很多的方法，让我既看到了她对工作的一丝不苟、严谨认真，也看到了她很高的管理水平和对教育的高层次理解。她语重心长地告诉我："要关注你的学生，他们是祖国的未来。教育的短期效果可能不明显，但我们投入的工作，会产生长远的效益，甚至对学生的一生都是有意义的。首先要教会学生做人，然后做学问。"

八中的学生尤其"可爱"。面对一双双充满求知欲、清澈、天真无邪的眼睛，我的心在颤动，在唯恐出现纰漏与殷殷的希望中感动。的确，他们是初中生，有着淘气、单纯的一面，但也有着懂事的一面。我在付出爱的同时，也收获了学生给予我的沉甸甸的爱与理解。我愈发感觉到八中学生的大气、丰富深刻的情感。这就是教师最大的幸福。

尤其是我父亲癌症病危的日子里，老师、学生给了我最大的支持。回老家照料父亲前，很多老师不放心，都来到我上课的教室，透过前后门的窗看我一眼，课间都来安慰我，并叮嘱我回家路上小心，不断地打电话、发短信，询问情况。我特别感动，被深深地温暖着。学生们也很懂事，给我发来短信、打来电话，用 14 岁孩子特有的方式，支持着我。说实话，如果没有这些人的关爱，我不知道那段日子如何熬过去。回来后，大家又给了我很多照顾，学生们为我鼓掌打气。师傅、同事、领导还询问了家里的情况，我感受到了从未感受过的温暖，也感受到了长者对晚辈的关爱，感受到了人间的真情。所有这一切，让我知道了感恩，知道了什么是爱，可以说自己受到了深刻的教育，并把这份情感融入了教学实践中。

二、智慧火花

教育需要爱、需要责任，但更是一项技术含量高的活动，蕴含着太多的教育智慧。在高速发展的时代，在竞争激烈的今天，不能陷于安逸的生活状态，而是要用更高的标准要求自己，向周围的优秀教师学习，用先进的理论、理念提升自己。在此过程中，我很幸运，得到了很多老教师的帮助。八中的很多理念让我受益匪浅，如做智慧型的班主任、做卓越的教师、抓住每一个机会进行教育等。

学校给老师们安排了讲座、座谈等多项活动，为我们提供了"登高"的机会，其中我们也学会了反思，学会了成长，增长了教育智慧。在听讲座的过程中，我看到了尹宗禹、续佩君、倪萍、王蒙等专家的风采，并从中感悟到了很多哲理，这对提升自己的教育理念、理论修养，有特别大的帮助。

另外，教育、教学需要教师不断地学习，这就要下苦功夫，多读书，从而使自己从繁杂的事务性劳动中，进行有方向性、规律性、理想性的思考，钻研的同时体会事业的快乐。包里习惯于放一本书，便于抓紧闲暇时间（如家访路上、上下班途中、地铁里、公交车上）随时阅读。发现开始读书只是提高认识；慢慢地有点感想和体会，并发现有所应用；最后理论修养有所提高。尤其是重读了上大学、上研究生期间的各科教材,因为那时没有实践,只是遵从,理解、感受不深,现在可以结合自己的教学实践体会,境界与上学时的感觉完全不同,有很大提升。

在寒暑假对自己的工作进行反思,整理成文,做到教学科研并重。及时地将自己的心得体会记录下来,集腋成裘,当手里有了一定的资料时,我发现科研并不遥远,并不抽象,而是融入日常教学中的。这也帮助我形成了反思、积累的习惯,如学生错题、自己的点滴想法、坚持写教学反思等。善于发现和提出近期需要研究的问题,并有所思考、行动。掌握教育科学,提高办事效率。学习进入一个新阶段,学得越多越开窍,越少越走弯路,进入了良性循环,稳步提高。很多文章获了奖,但这不是最重要的,关键是更多了份对教育教学的理解与执着,对教育的深刻思考与热爱,提升了教育的智慧,使自己的工作更细致、更深刻。

三、教学实践

1. 家访工作

每次接班,我都会在开学前的暑假安排全班同学家访,并做了很周密的计划与家访提纲、家访记录。这中间有很多体会:按照学生上学、放学的路线早些到学生的家——观察住房周围环境,体验学生由学校到住处的道路与环境。很多家长把学生定位为"叛逆",但我发现其实在一定程度上不是叛逆而是学生有了自己的独立意识:小学时,家长"说一不二",学生"言听计从";上初二了,学生有了自己的独立意识,家长不再能"说一不二",学生不再"言听计从",矛盾由此产生,并愈加激烈。参观学生房间,观察学生房间布置,初步了解其习惯、特长、爱好。深入交谈,了解学生的成长情况,家长理念。认真记录、整理、分析,针对不同学生,做有针对性的培养计划。

建议学生合理安排暑假生活,适当参加体育锻炼,增强韧性,适当培养音美爱好,增强倾听与专注能力。

2. 跨学科听课

学校鼓励大家跨年级、跨学科听课,在这过程中,我主要关注物理教

学与其他科目的进度、协调问题。如在引导学生学习初二下学期物理"流体压强与流速关系"一节内容时，我经常以"飞机的机翼"为例，但通过听初二上学期生物课"鸟类的飞行"，我发现生物老师举了大量鸟类翅膀的例子，学生接受很好，于是下学期的物理课我改为以"鸟类翅膀"引入，这更容易引起学生的前认知和共鸣。

另外，物理中运用好多的数学工具、概念。学习物理的初期，涉及多变量问题，而如果在学习数学"函数"后，及时渗透物理中的多变量、控制变量问题，学生理解起来就会更顺畅、更有成就感。再例如，化学中也涉及物质结构方面的内容，但在初三讲，而物理中的物质结构内容，初二上学期就有涉及，我就和化学老师沟通，做好一些知识点的整合、协调工作，这既增强了科学性，在一定程度上也减轻了师生负担。

3. 抓住时间，点滴浸润

抓住一切时机，对学生进行品质、习惯教育。向学生深刻展示八中的优良传统，传播校园文化，如每天做好每一件事；先做该做的事，再做你爱做的事；永远比老师要求的多做一点儿；因为你的存在，使他人幸福，使集体快乐；怀着敬畏、冷静、坚持的态度去对待每个问题；不埋头求学，何以仰望星空。

通过教师节活动，让学生体会感恩、表达；通过运动会的一系列活动，让学生学会不服输与奋力拼搏，拥有健康体魄去追逐梦想；通过团员发展会，让学生体会责任；通过科技周活动，让学生体会科学精神；通过主题班会活动，让学生体会理想、毅力、坚持的重要性；通过篮球赛，让学生学会面对成功与失败。

下面是几个具体的实例。

（1）妈妈爱吃什么菜。

很多家长向我抱怨学生的逆反，我会利用早读、自习、休息等零散的时间，进行有关理解、沟通、孝敬的教育，如念文章、播放感人视频、展示相关图片，并开展小结活动，鼓励学生用一段话总结自己当天的生活。这些活动颇有成效。例如我在一天早晨阅读了一篇文章《妈妈爱吃什么菜》，一个一直被父母认为不听话、有较大毛病的孩子写道："今天一向幽默的老郭讲了一个蛮感人的故事——《妈妈爱吃什么菜》。我很庆幸，因为自己知道老妈爱吃什么：武汉鸭脖子是她的最爱，四喜丸子和狮子头也有着举足轻重的地位，江苏老家的阳澄湖大闸蟹和盐水鸭她也是百吃不厌，平时爱吃烤红薯和冰激凌。对了，老妈有忌口——不能吃虾（过敏）。"一个看似什么都不在乎的女生写道："今天，可能是十一后的真正的一次冷静的思考，学习不是为他人，也不光是为自己。父亲要去重庆一年，明天就走，难道我要他带着牵挂和担忧吗？一定不是的……"这两位孩子的家长听到了这件事，热泪盈眶。在这一环节中，孩子的一些良好行为和进步被父母了解，我自己的治班理念、教育措施，也获得了家长更多的信任。

（2）眼镜事件。

一天下课后，两个孩子面红耳赤地来到办公室，我很惊讶，因为他们是特别要好的朋友。后来才知道，原来在体育课上做前滚翻时，张同学把新配的眼镜放在了操场上，在旁边的王同学不小心把眼镜踩坏了。我当时不动声色，先把赔偿的问题抛开，跟他们谈了责任，让他们先冷静一下，先反思自己的行为，然后自己讨论一下后续问题，最后把结果告诉我。第二天一早，他们就兴高采烈地来找我，各自反思了自己的过错。这个说："我不对，没有保管好自己的财物，没有控制好自己的情绪。"那个说："我不对，没有关注其他同学，举止不得体。"我问："赔偿呢？""哈，不用赔偿，眼镜是记忆合金的，昨天眼镜店的人加热一下，就修好了，没用钱。"另一个说："我觉得还是挺不好意思的，于是请他喝了瓶饮料。"两个孩子愉快地解决了这件事。我也从中感受到，这比就事论事等方式更有效，因为这实现了学生自我教育的目的，他们自己感悟到了责任、冷静、理解、友情、关爱……

（3）为谁而学。

小征已经上初二了，但每天早晨都要在父母的再三催促下才起床。他知道自己上学不会迟到，因为父母会反复叫自己起床。每天放学回到家，父母督促他完成作业。每次考试后，父母十分关心他的成绩。但是，每次小征的考试成绩都不能令父母满意，因此小征也经常遭到父母批评。其实

小征的父母没有受到过特别多的教育，所以把所有的期望都寄托在了孩子身上。

然而，对于小征而言，学习是一件很少让他感到轻松、愉快的事情。在家中，父母一味地唠叨、要求自己学习，很少鼓励和赞美。在生活上，父母给予了小征最大限度的支持，但小征感受到了更大的压力。

小征越来越不知道学习是为了什么，难道只是因为父母的期待？他也理解父母，不愿意让父母伤心，如果不是为了父母，他也许不会再上学。在学校的生活中，尤其是学习活动中，他也找不到太多的乐趣，这对小征来说是个非常苦恼的事情。

这是一个为父母而学的"痛苦者"。孩子认为是为父母学的，基本没有意识到学习是自己的事，当然很难体会到学习的快乐，因而孩子呈现出的心理状态和学习状态就是可以理解的。另外，很多学生在家中很受宠，父母提供丰富的物质条件，父母认为孩子唯一需要做的就是好好学习，包办孩子除学习外的所有事情。然而，这种教育方式往往难以达到效果，孩子经常不会像父母期待的那样勤奋、努力学习。因为父母所做的一切，孩子渐渐会认为是理所当然的，误认为是为了父母而学习，被动学习、缺乏动力。有的学生甚至认为，父母提供的物质条件足够好、足够安逸，没有学习的必要，对父母有较强的依赖性。

针对这种情况，我首先引导小征的父母反思，因为他们教育是"自私"的，充满不恰当的期待、强制的管理方式、对孩子心理特点认识的匮乏等，使得小征没有具备正确的学习动机。我建议他们适当"放手"，适当减少与孩子聚焦"学习"的时间，多一些"海阔天空"的聊天。然后，通过多种方式，走入孩子的内心世界。和家长交流的过程，我了解到孩子从小和外公外婆长大，两位老人都是老师，基于孩子的教育方式很正确，不过还是比较溺爱，灌输给孩子的是为"父母而学"，两位老人相继离世，对孩子打击也很大，孩子心情郁闷，很忧伤，而父母没有很关心这一点。后来通过多方面交流，我发现小征对生物极其感兴趣，以此为突破口，我与生物老师合作，渐渐让他明白了学习不是为了家长，而是成长的必需，小征渐渐明白了学习对自己人生的重要意义，开始以积极向上的态度面对学习。

最终，小征以优异的成绩考入北京八中高中部，我感到很欣慰，最重要的是孩子明白了学习的意义，也告诉了我他自己的志向——做一名生物科学家，攻克癌症。因为这个无情的恶魔带走了两位老人的生命。这一刻，我热泪盈眶。

（4）"考试机器"。

一天，一个学生找我聊天，倾诉了心中的苦闷。在言语中，她的思维敏捷、热情，是个智商、情商较高的孩子。她的成绩一般，且不稳定。在她充满忧虑的话语中，我看到了她对学习的迷茫。她说："我现在感到学习很累，不知道如何度过初三。我感受到了前所未有的压力。考试特别频繁，我很努力，但每次考试都有很多'弱智'错误。也不愿意问老师，觉得丢人，也有些害羞。"

她还说："有时候，父母批评我，说为什么这么简单的问题都不会，还把我们和以前的学生比较，强调分数的重要性，整天说分。我觉得学习没有什么意思，考得再高又怎么样？而且，现在就是'应试教育'，只要按照老师的思路、要求做，你一定能得高分；否则分数就会很低。真不知道这样学习，只是为了考试有什么意义？

"更让我困惑的是，在班里，成绩好的同学会受到很多表扬和鼓励，成绩差的同学也会受到老师的重视，包括义务补课。最倒霉的就是我们这些中等的学生了，没有人过问、没有人理。"

这是一个为考试而学的"迷惘者"。其实在谈话中，我觉得她非常善于思考，很有思想。她也的确为学习和考试感到苦恼，为前途而迷惘。她的话语也许有些偏激，但也在一定程度上反映了教育的实际情况。种种情况表明，她想走出为考试而学习的怪圈，想调整自己的学习状态。

我也陷入思考：学生学习动力不足或偏差的原因何在？的确有学生自身的因素，但学校和老师的指导、教育也很重要。我采取了四步走战略：

第一步，帮助她设置具体学习目标。尤其是考虑学生的"最近发展区"，指导学生设置目标、达到目标，并传授可行的、具体的、操作性强的方法。

第二步，对她的学习表现给予及时反馈与积极评价。避免一味地唠叨、指责，而是合理监督、鼓励。

第三步，培养她对学习的认识性兴趣。学习兴趣是学习动机的重要心理成分，有着独特的意义和功能。让学生有愉悦的体验、成功的体验，感到满足，就会有良好的效果。

第四步，帮助她理解学习与人生发展之间的关系。其实这也需要学生随着人生的丰满而逐渐领悟。对于老师、家长而言，最重要的就是以身作则，让学生体会人生的价值和意义，从努力学习中感受人生的成功，感受对社会的责任。

（5）以"武"入"学"。

小 A 同学是个高高大大的男生，篮球打得很好，但学习动力不足。一次上物理课，他迟到了，当他敲门进来时，本节课已经上了三分钟，明显能看出来他情绪有点低落。我隐约感觉到有什么事情。于是，我与他约定放学后聊一聊。

走进办公室后，小 A 的戒备心很重。为了卸掉他的"防护装置"，我采取了迂回战术。"听说你们最近在打比赛，战绩怎么样？"他的眼睛开始闪亮起来："赢得有点悬，比分一直都是不相上下，快结束的时候，我投进了关键的一球。"说到这里，他兴奋得脸都有点微红。我也情绪激动起来，兴奋地说："不错嘛！很厉害！"他有些得意。于是师生二人海阔天空地聊了起来，我看到了大男生背后纯真的孩子气，手舞足蹈、兴高采烈。

自然地聊到了学习，他缓缓地将头低了下去，表情显得有些痛苦。"老师，您不觉得我有的方面很失败吗？""你是指学习上吗？"我很平静地问。"是的。"他回答得很简短。我也一个反问："最近听说你学习不够用劲啊？我一直觉得你打篮球是高手，在学习方面也很有潜力，并且你也一直很努力，不是吗？"我表情严肃地说："我很理解你现在的心情。你一定在想，我在学习上已经很努力啦，可为什么成绩总上不去，是这样的吗？"他使劲地点了点头，说："我觉得我学习没有希望了，我想专门训练打球，我想当球星，像科比一样。""你如何看待打球与学习？"我接着问。

他若有所思地回答道："我也知道学习很重要，妈妈常常告诉我要读书才有出息。小学的时候我的成绩一直都很好，是老师眼中的优生，可不知为什么，上初中后我的成绩总不能拔尖。尤其是物理，不管怎么学，我都学不好，我没有读书的天分，我觉得很对不起家长和老师。"片刻的沉思后，他猛地抬起头："而打球就不同啦，我特有感觉。"

我发现他的问题已经充分暴露了出来，他不想读书的根本原因在于，进初中后，小学成绩优秀的他，成绩开始下降，而自己是个自尊心很强的学生，成绩下降让他很没面子，他内心不能接受这样的现实而产生了强烈的挫败感。于是渐渐形成了消极的自我暗示，认为自己没有读书的天分。而在球场上他是主角，常常得到掌声、赞扬声，渐渐形成了积极的自我暗示。最近的几次测试，屡屡失败，更强化了他的失败感。于是，他就有了不想读书、专业打球的念头。而事实上他内心深处是不想放弃学业的。

针对小 A 的这种情况，要想让他重新在学习上获得成就感，必须让他树立正确的期望目标，保持良好的心态。我给他分析了他在各个学科上的潜力，并结合他讲述的自己的学习方法，给他介绍了科学的物理学习方法，并积极鼓励他。

一周后，小 A 信心十足地找到我，告诉我他现在状态有些改变，虽然成绩提高不大，但已经有进步。同时，他明确表示，正在努力合理分配篮球与学习的时间。在课上，我尽量给他回答问题机会，给予他给大家讲题的机会。我发现他渐渐地变得安静，变得能够思考、不再厌烦学习。虽然他急需解决的问题还很多，但只要我们双方长期坚持，他一定会有一个美好的未来。

（6）"压力"山大。

一进教室我就注意到了他——小小的个子、言语不多，总是低着头，若有所思的样子。在讲课的过程中，我也发现他听讲特别专注，当讲某些难度较大题目的时候，他的见解也很独到。渐渐地，我发现他对物理的理解深刻且全面，就经常当众表扬他、鼓励他，并经常给他一些学习资料，我们的师生交流逐渐增多。

一次下课后，他一脸担心地找我分析试卷，看到他的试卷，我皱起了眉头，他也显得很不安。我没有批评他，而是细致、深入地分析了他的试

卷，包括整体情况、失误之处、考试心态等，他若有所思地点了点头。由于时间有限，我们又约定下课后详谈。

通过一系列的谈话，我了解到他对待学习很认真，尤其喜欢物理。对于老师讲授的内容，能够很快理解并融会贯通，每次考试也能快速、准确地做完题目，经常受到老师的表扬、同学的羡慕，他自己也很得意。但一次期中考试时，不知为何，一道力学填空怎么也做不出来，没有任何思路。这种情况从没有发生过。于是，他突然紧张起来，而越紧张，越做不出来，急得额头冒汗。结果，几乎一半的时间都在纠缠在这道仅仅 2 分的填空题上，等发现后面还有很多试题没有完成时，考试时间已经不多。可想而知，他匆忙完成了剩下的题目，成绩特别不理想，这对他打击很大。

此后，他虽能够很快理解讲课内容，并运用流畅，作业情况良好，在我课堂的表现也很不错。但每次物理考试，他都会莫名其妙地紧张、焦虑，遇到一时难以解决的问题，就会更加焦急，甚至发抖，脑子里一片空白，明明会的简单题目，也觉得无从下手，考试成绩很不理想。不过，等考试结束后，心情平静下来，那些难以解决的问题就都变得非常简单了。

我也明白了，这是一种典型的考试焦虑，一个重要原因就是缺乏考试技巧。他在考试的时间分配上存在问题，缺乏对考试整体局面的把握，不够明智。因为对每一位同学而言，对考试的程序、特点、题型等，都要有适合自身情况的应对方式，只有这样才有助于保持稳定的考试状态，避免出现慌乱，降低考试时紧张与焦虑的程度。

他本来成绩不错，对自己要求也较高，是个"完美主义者"，每次总想全部完成，得到 100 分。殊不知随着知识难度、广度的增加，随着年级的增长，得 100 分的难度也在增加。

另外，成绩不理想，对他的自信心打击很大。而成绩不理想有很多原因：对所学知识掌握不够牢靠、复习不充分、缺乏考试技巧、缺乏一定的承受挫折与失败的能力。对他而言，最重要的就是找到适合自己的考试技巧，提高自己承受挫折与失败的能力。

于是我给了他很多的建议，并从关注基础、学会放弃（严格要求其考试时不去阅读、完成最后一道难度较大填空）、限时训练（中档难度问题为主，力求使他做到答题速度与准确度的良好结合）、心理训练（想象训练法、按时训练法、放松训练法，想象训练法的主要内容是利用 5～10 分钟，快速回忆、总结所学内容，并把自己想象为考试的环境完成一道综合性强、难度不大的题目）。

我鼓励他坚持，经过了一段时间的努力，他的物理成绩渐渐好起来，并名列前茅，同时他也学会了适当放弃、增强了自信心。

举个不是很恰当的例子，教学、教育工作有时与厨师做饭很像：学校的日常工作很像"家常菜"，但不是随便就能炒得好吃，也不是每个人炒出的味道都一样。专业的厨师有专业的手法、技能——他会把各种材料去粗取精，搭配得当，细心烹调；又会适应各种不同人的口味适时调整；做的饭菜营养丰富，美味可口，干净卫生。然而饭菜终归是让吃饭的人自己去吃，自己去品尝、咀嚼、消化、吸收，只有吃得饱，消化得好，营养充足，身体才会健康。如果厨师还懂化学、营养学、美学、医学、心理学，做出的菜，品位就更高了。好厨师做的饭使人越吃越爱吃、吃出健康；好教师教的课使人越学越爱学，学会成长。

物理组
郭亮亮

"老师好"

于我而言，"老师好"不仅仅是一句简单的问候语，它回响在清晨的校门口，是清脆的闹钟，唤醒我倦怠的精神，提示我这是一天认真工作的开始；它回响在课间的楼道，并伴随着出于尊敬和礼貌而向一边的退让，让丝丝暖意浸润心田。

入职以来，第一个学期已悄然过去，当春风拂面时，蓦然发现，身边的孩子们已经长大一岁，踏上了一段崭新的、更高深的学习旅程。正处在长身体阶段的他们，有的短短一个假期回来，竟然长高了一头；有的孩子与上学期相比，澄澈的眼神中开始夹杂青春期特有的懵懂与浅浅的忧伤。可尽管孩子们外在的变化如此之大，不变的却是每每不期而遇时，回响在耳边的那一句句"老师好"，清脆而响亮。

我应接不暇地回应着："你们好！"沉浸在八中尊师重道的人文氛围中；它回响在办公室门口，在一声"报告"之后，我不经意间回头应允，看到的是一张张谦恭而稚嫩的小脸："老师好，请问……"

冬日里寒风凛冽，滴水成冰，而我的心却时刻沐浴在"老师好"的洋洋暖意中。

班上有个男生，由于家中曾遇不幸，性格孤僻，成绩也一直不甚理想。我每天找他默写单词，与一般成绩不佳却对老师的帮助不屑一顾的学生大为不同，他认真地弓着身子，一笔一画地拼写着字母，由于时常出错，他特意使用另一头带有橡皮的铅笔，涂改时眼中满是执着。但是这努力在以后的几次小测中收效甚微。我暗自吃惊，但转念一想，孩子之前承受过那么大的人生打击，品尝过常人无法想象的苦楚，他只要快乐健康地成长起来，成绩又算得了什么。但努力是必要的，因为对每个人来说，重要的是过程和体验，他也不应该例外。

　　但是，此后很长一段时间，他都没有像往常一样主动找我默写单词。我判断他一定是害怕我会责问他的成绩，不敢来找我。

　　"××，最近怎么不来背单词了呢？"我找他来，故作轻松地问。

　　他站在我办公桌旁，胳膊不安地左右摆动，脸涨得通红，眼神闪烁游离，没有要开口说话的意思。

　　"最近作业多吗？"

　　他快速摇摇头，随即又点点头。

　　"每天英语作业写多久？"没有应答。

　　他似乎在等着我将问题一个个攒起，再将话语一步步推向责备，最终向他开火。他的脸风平浪静，似乎已做好准备，要默默承受接下来的暴风骤雨。

　　"老师最近每天都等你来，但却没等到。"我看着他，平静地说。

　　他一动不动，嘴唇紧紧地抿着，眼神又开始不安地游离。

　　"等你来写单词已成为我生活中的一个习惯，在我看来，已成为我们的约定。"我顿了一下，又说，"我们经常会有测试，有测试就会有考分。但是对于分数，目前别太在意，好吗？"

　　他依旧无言，小脸上之前因紧张而现出的红晕慢慢褪去，嘴唇轻轻蠕动，似乎在说什么，我听不清。

　　我没让他重复他的话。继续说："分数与别人比，能比出相对不足；可与自己比，却能比出绝对的进步。每天坚持努力，就是在做最好的自己。无关攀比，无关毁誉，问心无愧。"我再向他看去时，他出乎我意料地点了点头，眼神中的混沌和不安消失了，闪烁着似有所悟的明亮。

　　我想我与他的沟通今天可以到此为止了，于是让他回去，也没对以后他的表现提出任何要求。面对这样一个孩子，我真心想包容他的一切过失。

　　第二天午饭间歇，他按时来了，带来的除了手里的本和笔，还有一句轻轻的，以前从未对我说过的"老师好"。

外语组
耿鑫培

慢慢来，比较快

面对这些珍贵而敏感的青春期孩子，我要做的一切都应该慎重些，更慎重些。慢慢来，比较快。

今天上午 [2012 年 9 月 20 日，是我刚入职的第 20 天，本文中这个事件的过程及感想均为当时的部分随笔记录] 在二班上课，讲《紫藤萝瀑布》一课，仍然是用"探究式学习"方法，第一课时让学生小组讨论。在再一次强调了对小组交流的评价包括小组讨论的秩序性和高效性的考量后，巡视期间，我发现王同学并没有参与本小组的同学讨论，而是自己在看课外书。我走过去问他，为什么不参与讨论，还有些严厉地说："你干吗呢?"他脸红了，给我的感觉是不好意思＋不耐烦。我也有些生气，收了他的书，并且要求他参与到小组交流中来。他的神情还是一样，有些不屑，耸肩＋翻眼。我更加生气了，但是没有多说什么，只是要求该小组的组长注意让小组成员都参与进来。组员们也有些沉默，没有说什么。

课快结束时，我对这节课的讨论进行评价，表扬了秩序较好的组，并提到有同学在小组讨论时做别的事情，严重违反了课堂纪律，扣两分的行为分，并且通知他中午来找我。"想起昨天刘老师说的，对于违纪的学生一定要严肃处理，比如通过扣行为分等方式，但是不一定要在课堂上点出他的名字。公开批评是可以且必要的，但是不用点名道姓。一方面照顾到这个孩子的自尊；另一方面，这时的点名其实并无必要，因为孩子肯定知道你批评的是谁。"

中午他来找我了，还是平时那样一副漫不经心的样子。我拉过椅子让他坐下，说：你自己来说一说今天这个事情。小组讨论已经开始了，为什么你在看课外书？

他：他们讨论不带我，把我排除在外了。

我：你认为他们排挤你，从哪里看出来的？

他：他们开始讨论的时候没有叫我，就直接开始了。

我：好的，那你回忆一下，他们几个开始讨论的时候，有没有互相招呼，说过来讨论吧？

他：没有。

我：好，那也就是说，他们三个之间也没有互相招呼，讨论的开始是依照老师的指令，对吗？

他：对。

我：那好，那你觉得他们还有什么其他的表现让你觉得你被排挤了吗？

他：嗯……还有一共十一段课文，在轮流朗读时，他们每个人各读三段，只让我读两段。

我：这个我并不觉得是他们在排挤你，四个人读十一段的文章，肯定会有个人读两段，这是个数学问题。你说呢？还有就是，如果你在这个时候想读得更多，你完全可以跟组长说，你希望你能多读一点，我相信没有组长会拒绝这个要求。你觉得呢？

他：嗯。

我：好，那你现在还觉得被排挤了吗？

他：没有。我自己主动点就好了。

我：对，自己主动点就好了。因为咱们的小组这样分，你们几个坐在最后的同学合成一组，位置相对分散，所以你们之间可能不像前面的同学，已经比较熟悉了。在这种互相不熟悉的情况下，需要每个人都更主动一些。当然这个事组长也有责任，他应该负责把你们都安排好，但是他没有。我会找他谈谈，行吗？

他脸色微变，我猜想他可能担心别人觉得被他"牵连"，"或者你觉得你自己能处理这个问题了？"他立即表示自己能处理了。

之后我又问了他这样几个问题：

（1）就算是今天被组员排挤了，你就应该在语文课上看课外书吗？

提醒他在这种情况下更不应该"自暴自弃"，更不能以一种错误的方式、手段去面对别的错误。如果他们排挤你了，那是他们的错误，你不应该因为他们的错误而浪费自己的学习时间，相反，更应该把自己的学习安排好，让自己做到更好。

（2）指出在今天课上，我指出他的问题后，对他的反应（不耐烦和不屑的表情）很不满，觉得他不应该用这样的态度对老师。

当我说他对我的态度不好时，他有点惊讶的表情，我意识到他当时的那种不满，其实应该不是针对我，而是对组员的不满。所以立刻收回所说的话，说"当然可能是老师敏感了，但是起码在当时你应该积极应对老师的询问"，他表示同意。

（3）称赞他所看的课外书很好，读课外书很好，但是不应该在课内。

当我说读课外书很好的时候，他的眼睛亮了一下，露出意外又高兴的神色。

晚餐时在食堂碰到他，站在我前面，排队时看到我走过来，他冲着我笑，这是我开学后第一次注意到他的笑，小小的高兴和大大的不好意思，都写在了脸上。我跟他打招呼，并说多吃点。

感想

（1）有时候觉得学生冒犯了自己，可能是自己多想了。作为青年教师，适应自己的教师身份，是一个很大的课题。

（2）没有很莽撞地上来就质问责骂，让我与这个学生略近了一步，让我知道了他看似漫不经心的背后，其实有着更为在乎、更为敏感的一面。

（3）处理学生与学生之间的问题（如排挤、义气等），能有理有据地帮他分析情况，会让他更加信服。

我不知道这能不能算作我入职初期在某一个层面上对"浸润式教育"的一个粗浅的实践，但现在回头看来，当时的我能对这件事做一番粗浅的思考，能站在学生的角度一小步一小步地逐渐走近一个叛逆的孩子，能对自己说要尽快地适应自己的教师身份（其实质是提醒自己，不能还"像个孩子"一样对人对事任意而为）算是为我的教育工作开了个好头。起码在当时，他的笑容给了我很大的鼓舞，让我知道在教育问题上，面对这些珍贵而敏感的青春期孩子，我要做的一切都应该慎重些，更慎重些。

慢慢来，比较快。

语文组
毛炜炜

梦想有多远，就能走多远

在由失败通往胜利的路上，有时候障碍的确存在，甚至很多；有时候障碍已经消失，或已在不知不觉中被我们克服，可我们还误认为障碍仍然存在，不可逾越。可以说，有好多障碍并不是存在于外界，而是存在于我们心里。

到八中上学的孩子，哪个不是怀揣梦想而来，远的不说，考上八中的高中部就是孩子们、家长们最大的理想。

她是一个不起眼的女孩，白净、弱小、内向，唯有那双眼睛格外有神。她就是小烨。初一刚进校时，她只有 1.47 米，又是住校生，我对她很担心。平时我比较关注的是孩子能不能够适应初中的生活。经常到任课老师那里询问孩子的学习情况，数学老师反映她有点吃力时，我还没太在意；看到过她几次小测验的成绩，不太理想，总觉得那是孩子不太适应中学学习，所以没考好。但是期中考试、期末考试的成绩证明了——她在数学方面的学习是很吃力的。就此，孩子也背上了很沉重的包袱。

记得第一次和小烨聊天，她一直低着头，什么也没说，我讲了很多：别着急，慢慢来，多做点儿题就好了。我怕哪句话说重了，伤着孩子。她离开办公室前，抬头看着我，那黑黑的眼睛里分明写着——我不会服输的。但初一下半学期的情况不容乐观。我开始观察孩子，通过观察，我发现小烨从不找老师问问题，就是老师找到她，她也是躲躲闪闪的，我知道她是不好意思。女孩子多少都有些虚荣心，但是，如果不改变现状，那就别想进步。我找到她，跟她讲清利害关系，还给她讲我第一次上公开课时紧张的情景，我说人只要迈出第一步就好了，咱们身边有这么好的资源，不利用好多可惜啊！谈过之后，我见小烨一点儿动静也没有。我知道，孩子内心一定很矛盾，我想成长也是需要时间的，应该多给她一点儿时间。恰巧，和她同宿舍的小李数学成绩也不太稳定，小李也是一个不爱问问题的孩子，怕找数学老师，只是她比小烨开朗。于是，我也用同样的方法鼓励小李，一定要找老师问问题，不然自己怎么努力，进步的幅度都不会很大，小李开始按着我的要求做了，从简单题问起，慢慢地她问出了门道，也不怕老师了，数学成绩越来越好，终于在一次期末考试中，小李的总成绩在班中名列前茅。在感慨小李的进步时，我看到小烨眼里的那份羡慕，我又找到她，告诉她："你也可以试试啊，你可以和小李比比，看看你俩谁学得好。"私下，我找到数学老师，跟他讲了小烨的事，让老师一定也多鼓励鼓励孩子。小姑娘在我的帮助下，终于迈出了这一步。开始出入老师的办公室，开始找老师问问题。记得她第一次从数学老师那里出来，满脸的兴奋，告诉我，老师真的不可怕。我每周一开宿舍生的会议，小烨经常迟到，甚至不到，一问宿舍长，原来找老师问问题呢。看到她的变化，我的感悟是榜样的力量是无穷的，而且老师在帮助孩子的过程中，要允许孩子慢慢领悟。很快，在初二的下半学期，因为数学成绩的提高，小烨进步的幅度也非常大，孩子的妈妈激动地说："没有老师的鼓励与帮助，就没有小烨的今天。"

到了初三，小烨很快就又跌入了低谷。这时我告诉孩子，大家都在努力，如果满足现状，那一定会退步的。小烨又开始奔波于各个办公室之间，可是情况并不理想。尽管，我告诉孩子，你进步过，要相信自己。毕竟，她的基础和班中的多数同学比有很大差距，在她一次次的失败面前，我的鼓励显得那么苍白。我很担心她有一天会坚持不下去。于是，我利用开宿舍会的时间，和孩子们回忆初一时我们班拔河的情景。记得当时，我们班的学生个子小，而且瘦弱，谁都不相信，我们会一路领先，最后夺得了冠军。小烨曾经为我、为我们班录了一小段录像，闲暇时，我们总在一起看，我也总自嘲地说："看你们的老师多疯狂啊！你们可得学学我，我们咬紧牙关，就能拿冠军。"孩子很听话，一直咬牙跟着。一模成绩出来了，小烨的数学成绩很糟糕，我就从她语文成绩入手（因为她的语文成绩

在各科中相对突出），来帮她分析现状，让她别想着结果，努力做好一点儿，再做一点。到了二模，她的数学成绩仍然低迷，而语文成绩 115 分，考了年级第一。我在班里表扬了她，告诉同学应该学学小烨，无论什么情况，只要不是终结考试，那就分不出成败，那就要努力。小烨的妈妈对我说，孩子就听童老师的，因为童老师相信她。此时，我体会到了"亲其师，信其道"的分量。

报志愿时，小烨的妈妈疑惑地问我："还报八中吗？"我问："孩子喜不喜欢八中。只要喜欢就要报，不管一模和二模成绩怎么样，只要孩子想上八中，第一志愿就报八中。"客观地分析，当时小烨的情况考上八中是很困难的，但是，如果老师也表现出对孩子的怀疑，那小烨会彻底放弃的，在我的协助下，小烨妈妈为她填好了志愿。现在想来，她妈妈询问老师志愿的问题，其实也是心中没底的表现，人常说：梦想有多远，就能走多远。老师在关键时刻一定要坚定孩子的信念。最后，小烨的中考成绩是 536 分。语文 115 分，就连她最发怵的数学还考了 111 分。

有人曾向李昌钰请教："成功的秘诀是什么？"他用 49 个字道出了走向成功之路的关键所在："确定人生的目标，培养强烈的欲望，运用潜在的意识，训练合理的判断，建立创造的信心，不断地自我改进，有效地利用时间。"我觉得还应该有一条，那就是要有一个坚定孩子信念的人。更多的时候，当事者迷，旁观者清。在孩子迷惘的时候，老师要善于发现孩子的问题所在，要及时找到解决的措施，要不断地告诉孩子，为实现梦想坚持、坚持，再坚持。

语文组

童其琳

培养学生的精神品格

亲其师，信其道。要主动拉近和学生的距离，重视师生之间建立的相互信任的关系，倾听学生的心声，发现学生的问题，抓住教育契机。我们的教育工作就是这么平凡，而身为教育者，我也相信，在这平凡之中，能孕育出最美好的东西——学生的良好品德。

结束一轮初三的教学后，学校派我到亦庄分校做初一的班主任教两个班的英语课。如何把本校前辈与同事教给我的教育教学方法运用到分校工作中，成为我不断思考与实践的一个问题。为了给分校学生以优质的教育服务，较全面地传承八中文化，我除了梳理了三年的听课笔记、会议记录外，还认真研读了《好学生是怎样培养出来的》《好学生是这样培养出来的》两本著作，学习了老师们成功的教学案例和宝贵经验。下面是我学习的一点实践成果：

一、重视做人教育，以德育德

在老教师的指导下，我体会到：要拉近与学生心灵的距离，教师首先需要了解每个学生作为未成年人在行事为人方面欠缺、不足的地方，用爱与学生交流，种下美德的种子，耐心等待这些良好的品德在学生的生活中扎根、发芽。

一节英语课上，班里的男生 C 发言时流露出不高兴的情绪。课下我约他谈了一个中午。原来是上英语课前 C 和班里的另一个男生 T 起了冲突。T 主动向 C 道歉，但 C 坚决不接受 T 的道歉。C 的脾气火爆，脾气一旦上来，必须爆发出来。很明显，他还没有消气。他说："既然我的心里不能

接受他的道歉，我也不可能表面上虚伪地告诉他：没关系，我接受道歉。"我找到了说话的机会："你是一个光明磊落的孩子，你不认可心口不一的虚伪，老师很欣赏你这一点。你是一个很直接的孩子，有话直说，绝不做损人利己的事。"我在分析他优点的时候，他不好意思地低下头。看到他细微的变化，我接着往下说："如果你能稍微控制你的脾气，你周围的朋友会更喜欢你。你是一个见多识广的孩子，老师们都很期望你能用你的思想来影响身边的朋友们。你现在身边有这样志同道合，愿意受你影响的好朋友吗？"他惭愧地说："没有，因为我总是用这种方式对待他们，没有人愿意和我玩。"孩子虽然没明说是什么方式，但是明显地他已经意识到自己与同学相处的方式有待改进了。

"我们要用正面的、积极的能量来影响他人，如果我们自己是脾气温和的人，那我们周围的朋友会受我们感染，愿意向我们靠近，不知不觉被我们感染，但如果我们是用消极、发怒的态度来反击与我们有矛盾的朋友，让他们远离我们，那我们又怎能用自己的言行来感染、改变别人呢？"

一番交流，孩子认可了我的话，从他的反应中，我知道自己的言语感染了他。

二、建立格言角，用格言激励学生

从初一开学开始，我每周利用上课时间给孩子一条英语格言。到了初一下学期，在黑板的左下方建了一个格言分享角，孩子们喜欢把影响自己的格言写在上面和全班同学分享。

班里有一个大个子男生 X，脾气比较容易急，总按捺不住自己的怒气。因为他学习成绩不好，一直苦于找不到适合自己的学习方法。因为性格原因，同学们也不爱和他相处。

一天，学生都排队打饭时，平时好动的他却在排队时捧着一大本《看见》津津有味地品读着。我利用休息时间找他到办公室，和他聊了聊柴静的书，他说以前总是静不下心来，买了一两年的书总静不下心来看，现在看了柴静的书之后觉得很想往下看。我问他看哪一部分时感触最深，他说看了柴静报道"非典"时，那些生与死的经历让他觉得感同身受。我听着他聊，在他说完之后，我灵机一动："你明天和班里同学分享一下你的格言吧。从柴静的书里挑一个你觉得写的不错的句子和我们分享一下。说说你对它的理解和感受。"他点头答应，很高兴地回教室了。

但是那天放学，小班干跟我反映他在自习课上说话，影响纪律，而且对值周的班长做手势。我想到孩子没有自律，管不住自己的行为，克制不住自己的情绪而忍不住生气。冲动之下真想找他来批评一顿。但是我冷静下来，我很珍惜和孩子一直以来的这种信任，我希望自己在他心里是一个值得信任的、帮助他们的长者。

第二天，我用早自习开了一节小班会。我让孩子们给我写一封信，向我反映昨天自习课的情况，并且在信里对这些同学提出要求。在他们动笔前，我强调了自习课纪律需要每一个人自觉维护，也需要每一个人勇于维护，因为自习课上纪律无法保障，受到影响的是每一个同学。同学们给我写了一封封简短的信，很多同学如实地反映了自习课的情况，有些同学承认了自己上自习课说话。X也在下课后过来向我主动承认错误。我让X分享他的格言。他分享的恰好是柴静的"每个国家由无数个人组成，每一个人也由无数个人组成。"

在他说完了自己的理解之后，我启发他说："每一个集体和国家一样，都是由一个个集体中的成员组成的，每一个人的行为都影响着这个集体，而每一个人的成长也和你的环境相关，你身边的每一个人都影响着你对事物的看法和处事的方式。同样的，你也会影响其他人。现在想想，你愿意生活在一个什么样的集体里呢？你愿意怎样影响别人呢？你愿意别人怎样评价你呢？"接着，我把这周要和他们分享的格言展示在课件上：认识你自己。

我最后说："这是我对大家提的一点期望，认识你自己，想想你自己想要成为一个什么样的人，想想你自己想在什么样的环境下成长，想想你自己能为周围的人创造一个什么样的环境，越早地定下你自己成长的方向和努力的目标，你就能越快地成长。"

从那天起，孩子们开始针对班里的情况在格言分享角里分享格言。而X也有意识地为班集体做力所能及的工作，在平时集体外出的活动中，他

开始想着为同学们准备一些食物和水，在这些小事中，他也渐渐地融入了班集体。

三、丰富教学内容，培养学生学习兴趣

艺术育德作用在《好学生是这样培养出来的》一书中有很多介绍。因此我十分重视音乐的育德功能。经常教他们一些有意义的英文歌曲，潜移默化地对学生施加影响。在一节话题围绕音乐展开的英语课上，我与孩子们分享了自己精心挑选的一首英语歌。动画片《埃及王子》里的主题曲"When you believe"（《当你相信时》）并在黑板上写下了其中一句歌词："Who knows what miracles you can achieve，when you believe，somehow you will. Though hope is frail，it's hard to kill."（当你坚信，你就能创造奇迹，希望虽然渺茫却无法磨灭。）我给孩子们布置了一项作业：做一幅小画报，介绍自己最喜欢的音乐。

孩子们交上来了内容丰富的小画报，在我没有要求的情况下，班里的孩子们都利用周末的时间看完了整部动画片。A 同学画报中介绍了"When you believe"，她写道："I really like the singer's penetrating voice and boundless passion. The exciting melody and the lyrics of the song are so inspirational. My heart has been a great encouragement：when you believe，somehow you will."（我非常喜欢歌手具有穿透力的歌声和无限的激情。振奋人心的旋律和歌词非常鼓舞人心。我心里充满了勇气：当你坚信，你就可以创造奇迹!）

转眼到了初二。在准备初二起始课时，我想用一个更合适的方式引导孩子思考初二将会面对的问题，激发他们对英语语言文化的兴趣。我再次准备了音乐赏析课，带孩子们欣赏有意义的英文歌曲——动画片《埃及王子》里的三首歌曲，从人生的目标、个人的价值和意义、对自己的信心三个方面进行探讨。那节课后，孩子们都纷纷和我分享了给他们启发最大的歌词。

初二这一年，我组织学生利用课余时间排练英语话剧，为经典英语影片配音。

　　不久，A 和班上的另外三个孩子参加了第二届首都学生外语展示活动初中组的配音比赛。考虑到《埃及王子》这部动画片的教育意义，我们一起商量决定选用《埃及王子》的片段进行配音。准备的过程虽然辛苦，但是能够磨炼学生的意志，我告诉学生，要想获得成功，自信是重要的前提条件，但仅有自信是不够的，还必须要脚踏实地努力，要在排练中养成克服困难的勇气和坚韧不拔的意志品质。为了克服发音上的缺点，他们一遍又一遍地反复练习。A 不仅仅对角色感情揣摩细致，分析到位，对语音的模仿传神，并且能很快克服发音上的缺点。更重要的是她的投入与热情，她的谦和，她对队友的激励与赏识，让在她身边的人都受她感染。

　　决赛当天，孩子们用饱满的感情阐释了配音片段的剧情。A 更是在配音中清唱其中的插曲，从而获得了评委的肯定。在配音后面的问答环节，其中一位评委提问孩子们："This is one of my favorite movies. Can you tell me what have you learnt after watching this movie?"（这是我最喜欢的电影之一。你们能否告诉我从中得到了哪些启示？）A 此时胸有成竹地回答"First，I should believe in myself. There can be miracles when you believe. Second，I should take my responsibility."（第一，我应该有自信。因为当你相信，奇迹就会发生。第二，我应该承担起自己的责任。）

　　最后，我们取得了初中组二等奖的成绩，而 A 则赢得了初中赛组的最佳女主角称号。名次和称号其实并不重要，重要的是他们通过英语课外活动，享受到了崇尚集体荣誉、勇于承担责任、自觉磨炼意志的过程以及由此养成的精神品格。

外语组
庞　虹

耐心与艺术

> 教育是一种关爱、一种激励、一种宽容、一种无私的付出，也是一种耐心的等待。

曾经有许多人问我：你是做什么工作的？我总是微笑并自豪地告诉他们：我是教师。我热爱教师这个神圣的工作，并愿意尽我所能去教育学生、爱学生。但在刚开始工作的几年里，作为年轻教师，我不知应该怎样去爱学生，什么样的方式能让他们接受。我凡事都要求完美，当看到学生犯错误时，我心里总有些急躁。在与问题学生谈话时，他们明明答应我会改正错误，可却经常老毛病重犯。当时我的心理负担真的很重，很苦恼。随着不断学习和向有经验的教师请教，我明白了教育学生要有耐心，还要讲求教育的艺术。下面，就通过两个案例来谈谈我的做法和体会。

案例一

我们班有一个体育特长生小 A，初一开始时，行为习惯较差，并且总是不能按时交作业，让我感到十分头疼，不知怎么办才好。作为年轻教师，我总担心因为自己年轻，学生会不怕我，以致管不住学生。所以就想是不是应该板起面孔，严厉一些。开始时我曾严厉地批评过他几次，但效果并不明显。

通过向有经验的教师请教和学习之后，我懂得了：学生之间是有差异的，或表现在学习方面、个性方面，或表现在生活习惯、行为习惯方面。俗话说"人无完人"，成人尚且如此，何况孩子呢！所以，要允许和容忍孩子犯错误。每个孩子身上都有闪光点，这就需要教师善于观察，在合适的时机给予肯定和赞美。当然，在学生犯错误后，教师也要适时批评，这样学生才能意识到自己的问题，并不断完善自己。但在批评时，教师要设身处地为学生着想，以信任为基础，不能伤害学生的自尊心，要平心静气、以理服人。对于个别习惯较差的同学，不能期望一次谈话，他就能将身上的所有问题都改掉。改正多年养成的坏习惯是一个反复的长期教育过程，不可能一蹴而就。

李镇西老师在他的书中写道："犯错——认错——改错——又犯错——又改错……"这是后进生普遍存在的规律。教育者应该容忍后进学生的一次次"旧病复发"，继续充满热情和信心鼓励学生一次次战胜自我，让他们通过自我控制而逐步减少犯错次数，并引导学生从自己"犯错周期"的延长或者犯错误程度的逐渐减轻的过程中，看到自己点点滴滴的进步，体验进步的快乐，进而增强继续进步的信心。

我渐渐懂得了"严厉"并不一定能解决问题。初一的时候孩子小可能还会害怕，但当学生稍大一些后，就会压不住他们。因此，我找了一个机会和他进行了谈话。开始时，他有些紧张，以为我又要批评他。但我以他在运动会上的出色表现为切入点，肯定他对班级做出的贡献。并指出，他的运动成绩与他平时的刻苦训练是分不开的。这说明与其他同学相比，他有着更加坚强的意志品质。我还告诉他，运动会上他的表现很出色，大家都很崇拜他。听到我对他的肯定，他的脸上开始露出笑容。同时我也指出，运动会毕竟每年只有一次，大家也会观察他平时的表现，希望他在平时也能给大家树立榜样。接着我从他的立场出发，帮他分析了现阶段存在的不足，以及这些问题对他的将来可能会造成的影响，并对他提出了一些希望。同时在行为方面，我也给他制定了特殊加分政策，帮他逐步养成好的学习习惯和生活习惯。我也为自己曾经对他的严厉态度进行了自我批评。

这次谈话之后，他有了可喜的变化，作业不按时交的情况越来越少了，课堂的纪律也有了明显的改善。当然，在接下来的一段时间里，他还是会时不时犯一些老毛病。但我知道，在孩子进步的过程中肯定会有反复。若期望他一下子在各方面都变得特别优秀是不可能

的，要允许他犯错误，要用爱和宽容去感化他。经过一段时间，他身上的问题越来越少了，班内值日日记上对他的表扬越来越多了："小A主动帮助值日生做值日""小A主动发本""小A帮助维持纪律"。

看到他的变化，我心里真的是特别高兴。同时我也感到很庆幸，能够及时地学习并收获很多好的工作方法。

案 例 二

我们班有个男生叫高原。一次下课，他找到我，很委屈地说："在地理课上，当老师讲到高原时，很多同学都看着我笑。我感觉特别难受。"地理课后，他趴在桌子上哭，心理压力很大。

"这件事我有必要在全班说一下吗？如果说，怎样才能取得比较理想的效果呢？"我一直在思考这个问题。

敏感，是大多数青春期孩子都要经历的心态。他们渴望得到别人的尊重，但是又容易陷进自尊心过强和自卑心过重的泥沼。因此，在处理这方面的问题时，我必须慎重。深思熟虑之后，我决定还是先跟高原谈一谈。我告诉他实际上"高原"这个名字很好听。父母之所以给他取这样一个名字，也应该是希望他能成为一个心胸开阔的男子汉。同时告诉他，课上当老师讲到高原时同学们看他，这是很自然的事情，同学们并没有什么恶意。上几届也有个女生叫高原，课上同学们看她的时候，她倒感觉很高兴，因为大家都在关注她。说完这些后，我征求他的意见，是否需要在班中说明一下这件事。他表示能够理解同学们这一行为，但还是希望大家不再看他。所以我就利用中午的时间，告诉大家高原的感受，大家表示非常理解，在后来的地理课上也没有再笑他。

这也使我明白了一个道理：遇到问题，应多和同学们说明不应这么做的原因，取得同学们的理解，这比强制性的要求效果要好。其实同学们还都是非常善解人意的。

通过以上两个事例，我懂得了：教育是一种关爱、一种激励、一种宽容、一种无私的付出，也是一种耐心的等待。作为精神引领者的教师，要不断地实践，不断地思考，引领学生不断成长。在教育过程中，要遵循教育规律，讲求工作方法。在教育中要保留生命的朴实本色，不浮夸、不功利，脚踏实地，这样才能取得更好的教育效果！

外语组
于　娜

你是这样一个人

> 一个谦逊的人，一个善于给学生排除困扰的人……太多的词语应该集于教师身上，因为教师是师者，承担的责任应该是传道、授业、解惑。

"时间都去哪儿了……"听着舒缓的音乐，品味着朴实的歌词，感慨着自己的教师生涯。白驹过隙，不知不觉在这个讲台上已经站立的二十多个年头，留下了什么？获得了什么？无法一一道来。但我越来越多思考的是：站在这个神圣地方的人应该是什么样子？

一个博学的人，用他的博洽多闻让学生感受到的是知识海洋的广博；一个深思的人，用他的真知灼见让学生感受到的是一语中的的美妙……三尺讲台可尽展师者风范。

曾几何时，我们也是坐在下面，仰视三尺讲台上高大老师的一员；岁月匆匆，留在我们心中的是老师传授的知识，还有老师的一言一行，它们给学生带来了潜移默化、终生难忘的影响。

站在讲台上的我们该是什么样的人？两个案例，点滴体会。

一个谦逊严谨的人

这件事早已在我的记忆中模糊，一个家长的来信勾起了我的回忆。八中迁址十周年，学校希望学生写写在学校的经历，家长提到了那节课：

我正激情澎湃地讲着课，学生忽然指出了我的一个读音错误，我马上查阅，并及时道歉，还真诚地和学生说，常年的教学把有的错误变成了根深蒂固的真理，这是很可怕的事情，恳请大家发现后不管是哪方面的错误都帮助我及时纠正。

没有想到在我看来最平常的一件事，被孩子记住并转告给了家长；没有想到我在最后说的那句话"经验主义害死人"，被家长写在了文章中；没有想到家长最后这样评价：一个老师对孩子的影响是深远的，他用自己的谦逊影响着孩子对知识的尊重，对真理的追求。

三尺讲台很低，但它托起的是一个教师的高大！

一个善解人意的人

这是学生们都很喜欢的一次语文活动——朗诵比赛，昔日沉闷的学生有了展示自己的空间，一个个精心准备，跃跃欲试。比赛那天，饱满的精神、洪亮的声音把比赛一次次推向高潮。坐在学生当中的我欣赏着每个孩子，为学生的出色表现赞叹。

比赛顺利进行中，小张走上讲台，眼神慌乱，神情紧张，几次开口，几句话后又尴尬停止，从未在众人面前大声说话的他一下子陷入困境。底下的学生先是一片安静，接下来七嘴八舌，有的喊"加油"，有的说"待会儿再背吧"……看着小张进退两难的样子，我知道，此时我的做法很关键！静静想想，如果小张下去，再上来肯定比现在还糟糕，如果此时帮助他走出困境，将会对他以后在众人面前自信表达有很大帮助。我坐在学生位子上，像他们的同龄人一样，建议大家："我们和他一起背。"一听这话，学生纷纷点头，小张的表情也一下子轻松不少，在一声"一、二"之后，我带头背起来"燕子去了，有再来的时候；杨柳枯了，有再青的时候；桃花谢了……"整齐的声音中流露出友爱，小张的眼睛里充满了感激，分明听到和声中小张那充满自信的男低音……

一种做老师的神圣感油然而生，这就是老师，她时刻在塑造着一个灵魂。

三尺讲台很低，但它塑造的是一个健康的心灵！

语文组
王红宇

洒满阳光

每当这样的时刻我都在想，孩子快起跳了，孩子在蓄积能量，这表面上看是在补齐学业基础，但实际上是孩子品质发生了改变，这是一种品德的成熟，每当这个时候，我的心中就映出了喜悦，我就想怎么能用更多的爱去给孩子心理做更多的支撑。

刚带初二五班，第一节物理实验课开讲时，学生们各个兴致盎然，表现出色，课堂气氛非常活跃，但我在讲解中习惯性地搜寻，眼光已锁定了一个脸上毫无表情的大男孩，他尽管也在按流程完成实验，但好像整个实验又与他无关，只是漠然处之。课后，我从课代表那儿马上问到了这位刚从分校新转来学生的姓名，我还从其他任课老师那儿得知这个学生不注意听讲，作业不认真……

刚被叫到办公室的他带着急促与紧张走到我面前，我轻轻地叫着他的名字问道："今天实验做得怎样？"他马上晃着脑袋、瞪着眼睛急切地答道："我做得很好，实验结果也是正确的，作业也交了！"这时我已经判断出这个孩子因自信心不足而非常敏感，逆反心理特别强，有厌学情绪，而且性格倔强。至此，我已形成了对这个孩子首先要用情感融合并使他接受你，其次才能去引导，而且施教中会有反复性必须耐心雕琢等一系列对策，我已经意识到又是一个长期的"浸润"工程要开始了！于是，我开始给他讲故事："我在 2005 年时也教过一个和你同名同姓的孩子，所以咱们班我可以讲是第一个认识你的，这就是我叫你今天来的主要原因，但你看起来比前一个同名孩子阳光得多。"几句话一说，这个大男孩带着迟疑好奇的眼光看着我，而且面部表情从紧张变得平和。我接着说，我不知道你对物理课的喜欢程度如何，我想让你从班上推荐十个同学，不管成绩好坏，只要对物理课非常感兴趣的就行，我们可以成立一个物理兴趣小组，到时我可以单独抽点时间做些辅导……这时的他已经喜上眉梢，主动地和我开始聊天了，好像真的他比其他孩子在老师跟前有优越感了。

以后的课堂上他开始关注我的讲课了，虽然也经常走神，但我时常在课堂上提醒他，迫使他能集中精力多一会儿；有一段时间我发现他情绪有些低落，一下课我就把他叫到门口，我说："铁哥们怎么不阳光了？"他听了以后不仅没反感，反而不好意思地说："我这次期中没考好。"我说："我要的是你拼搏的过程，比如，课堂上你积极思考答对了一个问题，课下你和同学交流做对了一道题，课间你有个什么实验想法……在我们的'物理时间'里你都保持旺盛的状态并且非常开心，那我就高兴了。至于最终的结果是留给你今后享用的，要在每个当下都是快乐的。"一番话后，他似乎悟出了什么，最后，给我留下的只有一句话："老师您太信任我了，我不会让您失望的，看我的吧！"

初二下学期的力学内容难度增加，计算量也增大。对于他这样基础差的学生来说等于是雪上加霜，既有物理知识的深度，又有数学运算的难度，同时还有语文阅读理解的要求，怎样让他这样的孩子能面对这些困难而不畏惧呢？我觉得得抓住时机调动力量，于是在寒假，我跟他的家长进行了沟通，告诉家长孩子最近的变化，并让家长在寒假中注意关心和鼓励孩子，家长也说自己太忙，对孩子管得少，有时说了孩子还逆反……经提示家长好像也发现孩子学习主动了，有时还熬夜……我还给家长谈感悟：谁不爱孩子，孩子就不爱他，只有爱孩子的人，才能教育孩子。就这样，我和家长达成了默契，我们共同商定了从塑造孩子的自信心开始而不是急于完成每天的作业，我负责梳理学习方法，家长负责假期有针对性地树立孩子克服困难的决心。开学一段时间后，孩子的学习状态证明我们的方法是正确的，并且孩子期末考试成绩进步明显。

初三他换到了三班，这是一个成绩优秀、班风向上的好班级，整体班级面貌与原来的五班截然不同，我为他能有一个大的进步进入优秀班级而高兴，但同时我又担心他能不能经受新的考验再有大的进步，我在注意给

他增加自信心以防自卑心理出现。一次实验课上，我非常高兴地看到他和同学们抢着做实验，但后来又发现和他同组的同学都陆陆续续背过身去参加别组的实验，课后我了解到他做实验太霸道，都是他的想法，不让别人动手，于是，新的故事就又得开始对他讲了。交流很简单：我直截了当地讲："原以为你新来这个班能将阳光带到这个班让别人羡慕你，结果你把阳光自己留着，让别人只能望风，这是什么，这是自私，这是心胸狭隘，今后能带兵吗？只能永远当兵。"他听到这里眼泪都急出来了，非常认真地对我说："老师我错了，您这一说我才真的意识到是我太自私了！"然后，我接着讲："我就喜欢你这种敢于承担和负责任的性格，我最讨厌小家子气的男孩子，以后班级活动要有意识地成为组织者，实验只是做了一件小的不能再小的事，而习惯和品德可是终身大事哦。"接着，关于如何成为领导者的探讨在我们这次谈话中就顺利展开了。

一个学期很快过去了，在此期间批评夸奖参半，酸甜苦辣全品尝，虽然成绩和全班同学相比有不尽如人意之处，但我的最大发现是这个孩子从情感上有了很大的正向变化，对一些小事已经表现出了愧疚心态，对老师的关爱也表现出了感恩心理，他多么渴望别人的理解，每一个眼神中都期盼着老师的肯定和宽容。每当这样的时刻，我都在想，孩子快起跳了，孩子在蓄积能量，这表面上看是在补齐学业基础，但实际上是孩子品质发生了改变，这是一种品德的成熟，每当这个时候，我的心中就映出了喜悦，我就想怎么能用更多的爱去给孩子心理做更多的支撑。

孩子在努力，家长在尽心，一学期眨眼即逝，中考后家长在第一时间告诉我，孩子以优异的成绩被我们重点高中录取了，不久孩子的父母专程到学校向我表示感谢，说我们八中注重对孩子品德和行为习惯的教育，他们孩子这两年发生了很大的变化，突出地表现在知道感恩和有责任感了。

物理组

张 雁

三个月三次送上蛋糕

这就是三个月、三次蛋糕生活，虽不是大规模的主题班会，却用这少许的时间、点滴的瞬间，传播着爱的情感。

距离中考还有三个月的时间，全班同学都在紧张地复习。每天的空气都好像格外凝重，这是每一个经历初三的老师和同学都感受过的。身处其间，用"煎熬"一词形容应该是恰如其分吧。作为一名班主任老师，我渴望用温馨的关怀让他们感受到甜蜜。三次分享源于不同的目的：放松，感恩，祝福。

三次分享选择三个时间：4月，5月，6月。

三次分享设置不同形式：开心享受，与师共享，全家福。

曾经的一切仍历历在目。

想法源于4月的一天，晨练后，准备上第一节课，老师已经走进班里，坐在教室最后的高侯却抽泣不止，周围围了不少同学，为了不影响上课，我把她叫了出来询问原因，她告诉我：今天她过生日，这是她近几年能在国内过的最后一个生日（中考后她将到美国学习）。在教室外，被我安抚后，她擦干了眼泪回到了教室。我的心情却不能平静，我想：高侯哭的原因不仅是想念大家，更重要的还是最近压力太大了，这是她在发泄。班里的每个人不都在面对这样的压力吗？只是今天她借过生日宣泄而已，其他孩子的心态更是让人担忧。该让孩子们放松放松了，过生日不就是最好的契机吗！于是我走进了面包房。

上午三四节课是语文课，抓紧时间完成了教学计划，还有十分钟下课，我让事先安排好的学生到我办公室拿来了生日蛋糕，高侯掌刀开心地

切开蛋糕，伴随着生日歌，同学们大声地笑着，吃着蛋糕，快乐地交谈着，看着这久违的开心的笑脸，我很欣慰，多可爱的孩子，多宝贵的笑声，愿我的孩子们永远快乐！

我告诉他们，以后每个月我都要请大家吃蛋糕！孩子们欢呼着！在这欢呼声中，我听到了同学们甩掉着他们身上的包袱。虽然一个小小的蛋糕起到的作用微乎其微，但是就是在这润物无声中，孩子们感到困难时的路老师在和他们一起走！

第二次吃蛋糕，是在 5 月 24 日。和上次买的蛋糕一样：两个抹茶，不同的是，这是我精心选择的日子，因为 25 日是我班李凯南的生日，也是我们班物理老师张老师的生日。同学们对张老师的喜爱难以用语言来形容，他们亲切地称呼她为"雁儿姐"，他们用心在大屏幕上打出"祝雁儿姐张老师生日快乐！"的祝福语。这一次我特意多买了两个小蛋糕，送给了两个寿星——凯南和张老师。在同学们的欢笑声和祝福声中张老师拿走了蛋糕，在同样欢乐的气氛中，凯南把切好的蛋糕一份份地送到大家的手里。放学时，凯南拿着给她单买的小蛋糕，偷偷告诉我：我长这么大第一次过集体生日，我看到了孩子脸上幸福的笑容。张老师晚上给我发来信息：一个情商高的老师和一群情商高的学生……张老师给了我这么大的鼓励，我心里特别甜，像吃了蛋糕一样甜。我知道我们要对学生进行爱的教育，我们要让我们的孩子不仅有爱的情感，还要有爱的能力，更要有爱的境界。我铭记着张校长的这句话。

6 月对孩子们来说，是终生难忘的一个月，中考的钟声在这个月敲响！蛋糕何时享受？

我选择了 6 月 26 日，这一天是韩博松的生日，这一天还有两个留美的学生回来与同学们团聚，这一天，孩子们将结束中考！

中考结束的铃声敲响了，孩子们欢呼着回到了教室，当他们看到我摆在教室的讲桌上的蛋糕时，大声地欢笑着，追问今天是谁的生日。韩博松是班里长得最小的男生，性格也略幼稚，希望蛋糕在这即将分别的时刻，在孩子成长的路上，能留下一个美丽的回忆。

大家都在位子上坐好了，我告诉孩子们："今天我们又在一起给一个同学过生日，今天的生日平凡，因为为同学过生日已经变得非凡，但今天我精心选择了一个大蛋糕，一个圆蛋糕。它不仅祝福同学生日快乐，更有其他的寓意：团圆——所有同学今天都到了，是我们集体的全家福；圆满——十年修得同船渡，我们有幸有缘相聚在这个集体中，同窗三载，结下了深厚的友谊，今天将结束初中三年的学习，初中生活圆满结束；蛋糕还意味着甜甜蜜蜜，祝福我们每一个同学在未来的路上永远生活甜蜜，我们的友谊长存！"

这一次品尝蛋糕，教室里没有了前两次的欢声笑语，孩子们在座位上，静静地吃着蛋糕，眼睛中却流露出深深的不舍之情。他们慢慢地吃着蛋糕，静静回忆这三年的生活，谁都不想说话，谁都不想吃完，谁都不想离开这个集体……

这就是三个月、三次蛋糕生活，虽不是大规模的主题班会，却用这少许的时间、点滴的瞬间，传播着爱的情感。这虽不像主题班会可圈可点，却愿这丝丝情感永存于学生心间，希望这浸润无声的方法能带我们的孩子们走进爱的世界。

语文组
王红宇

蜕 变

我很享受教师这个职业，喜欢那些总围在身边的孩子，爱清静的人恐怕很难体会这份喧闹带给我的愉悦。在做教师的日子里，有太多的事值得回味，在我从教二十多年之后，我忽然有了动笔的冲动，写给我自己，也写给有着共同情趣的人们。

故事一：Lee 的蜕变

不久前，Lee 从美国归来到母校与我叙旧，看着她从资料袋中拿出一份份整齐的材料时，几年前的点滴立即在我脑海中过电影般浮现。Lee 是个极聪明、可爱的学生，性格随和，做事认真，几乎所有的老师、同学都喜欢她。尤其突出的是她的成绩，相信所有人都会认同，在初中得到满分并不是一件容易的事情，然而对于 Lee 而言，收获满分是常事，这真的很难得，她的这些成绩都是老师们的骄傲、同学们追求的目标。然而估计令所有人难以想象的是，正是这样一个看似应该特别有条理的小姑娘，当你看到她的书本、书桌、抽屉、收纳柜时，一定会瞠目结舌，无法想象那一本本皱皱巴巴、卷着边的书，杂乱堆放着各种物品像小山一样的课桌，只要门一打开就会有一堆东西汹涌而出的小柜子属于她。但是没错，这些正是她的所属物，每天让她、我和她的"小邻居"们很无奈的系列物品。

作为她的班主任，对于她我真的是又爱又"恨"。我想，通过对她物品的描述，大家一定猜到我"恨"的理由了，常常映入我们眼帘的情景是这样的：半天不到，她周边方圆一平方米的地方就都已经被她的各种物品占领了，而且所有的东西还都"开着口"，若从旁边经过一定得小心——

陷阱无处不在。这与那些满分的成绩怎么能出自一人呢？但这就是不争的事实！再了解一下家里吧，同样的场景马上映入眼帘。至此我明白了，虽然她的头脑思维很是缜密，但是从小并未培养出良好的行为习惯。因此，我必须让她理解，这些不良习惯将极大制约她未来的发展，她必须改进。

对于 Lee 而言，讲通道理很容易，可是改掉坏习惯却非常之难，因为有点"根深蒂固"，不过，我俩达成共识，再难也要克服！从哪里开始呢？无论是教室还是家里，她所有的东西都是乱糟糟一片，想理出头绪可不是件容易事，那就从最重要、最常用之处出发吧——书包，因为每天要新学和要复习的内容都从这里开始，从头来，才能真正一点点好起来。这是个比想象难得多的漫长、艰苦的过程，一个月过去了，我每天教她、帮她认真梳理，按顺序先清点，再理齐，最后分类摆放好，终于书包的拉锁能够顺利地拉上了，之前永远是敞着口的，因为东西太多，又都横七竖八地放着。半个学期过去了，周围的同学不再抱怨了，因为她不再抢占别人地盘了。一学期后，储物柜里的东西不再掉落满地。初战告捷，我舒了口气。

一眨眼，她们步入初三了，我忽然发现，好不容易养成的习惯似乎正在消失，很快我明白了，因为随着课程的增加，Lee 明显感觉时间有些不够用了，尚未定型的整理习惯，不但没能及时帮上她，反而令她觉得要额外付出不少时间来收拾，所以她有点顾不上了，觉得这些时间的付出不值，总想着还是先抓主要的，等不忙了再注意条理化。这是个要命的苗头，缺少经验的她怎么知道，如果听任这种做法下去，不但之前的努力会付诸东流，而且会对她后期的综合复习极为不利，不过我想简单的说教恐怕效果不佳，只有实例才能让她心服口服。因此，这次我一方面给她提供几个书上的典型故事作为实例供借鉴；另一方面坚持每天监督她必须按我的要求完成整理任务。虽然开始她不适应，还有些小怨气，但不久她就尝到了甜头，在综合复习中更是有突破，事实胜于雄辩！后来有一天她告诉我一个小秘密，她已经五个月没换新眼镜了（因为之前总乱放，眼镜经常被她或别人踩断、坐折等，几乎每个月都要换新的），虽然这是件小事，却足以说明她真正地进步了。

所以，当我今天看到一个如此有条理的她站在我面前时，心里的滋味

是那么的不一样。她让我明白，只要是正确的，无论多难、多久，坚持下去，相信孩子们会理解、能做到！有耐心、能等待是好教师必备的！

故事二：让更多的人懂你

Danny 的知识广博、思维敏捷，这是认识他的人所公认的，所以当我看到他雄踞 SK 状元榜数周无人能敌时，我一点也不吃惊，而真正令我欣慰的是他能够谦和地应对对手，礼貌地与主持人沟通，所传递出的正能量是如此让我激动不已，他履行了我们的约定：让更多的人懂你！

故事还要从头说起：Danny 太特别了，为人耿直、天资聪慧但不太会与人相处，比较以自我为中心，遇到自己不喜欢、看不惯的事就会马上"发作"，从不分时间、地点、场合，而且言辞犀利，一点儿不考虑听者的感受，甚至当说得他人无地自容时，他还会在一旁表现得洋洋得意。因此，他在师生间的口碑就不言而喻了。

如何帮助这样的孩子认识到自己的问题呢？又如何使他正直、善良的一面让别人看到、明白呢？我想必须耐心且有计划地一步步来，与家长的配合更是必不可少的。于是，家长以及所有的任课老师们达成了共识，甚至连班干部也一起被调动起来，无论校内外，大家抓住每一次机会与他交流、谈心，帮他出主意，分析对待同一问题采取不同做法可能产生的不同结果。比如那一次：正值严冬，课间休息时老师让开窗通风，不过眼保健操快做完时靠窗的同学还是没关上窗户，就在此刻，安静地做着眼保健操的同学们被一声巨喝吓了一跳："关窗户，想把人都冻死吗？你们挨着暖气能热死啊！"全班一片唏嘘，"想吓死人呀""这也大惊小怪了""又犯病"……原本安静的教室顿时乱成一团，老师见状及时发言道："Danny 好先知，我刚想请同学关窗！好吧，关好窗户我们暖暖地开始上课了。"这才恢复了秩序，也帮他解了围。不过这样的事我们是不会轻易放过的，课后老师马上找 Danny 交流，猜得到吗？他都把此事忘了，这就是典型的他，说话前从不思考（按他的说法是当时有火或有气，说出去了自己就痛快了，不想后果，更不会想别人的感受，而且很快就忘记了），可老师们每每就是抓住类似的机会及时引导他，好一通的深入剖析、晓之以理后，终于让他意识到其实他本是好意，提醒关窗，但因为说的方式、时间都极为不对，因此产生了很坏的影响，若不是老师解围或是换个场合，事情恐怕会发展得很糟。

就在这日复一日的"出错—分析—解决"中，Danny 逐渐成长着。中考就要临近了，所有人都比原先急躁了不少，Danny 当然也不例外，不过很让我们感到有成就的是，较之以前那个"愣头青"似的他，现在他已经成熟、稳重了许多。一模前复习备考的一天，他特意约我单独谈两句，那些话我记得很清楚："老师，我感觉自己最近特别的烦躁，总想大喊大叫、乱扔东西，可是我不想因为我的失控影响别的同学，您能帮助我吗？在我感觉要控制不了自己了，我就举左手，您就让我出教室，我自己出去调整一下。"多么懂事的孩子呀，虽然他还没能够做到游刃有余地把控自己，但是他内心的善良告诉我：他将来一定能做到，他会有出息的！

毕业后的聚会中，我俩悄悄有了一个约定：答应老师，今后无论说什么、做什么之前，都要尽量先停一下，哪怕是一瞬间思考一下，记住要学会争取能够让更多的人懂你！Danny 的成长让我体会到：时间和事实能够证明一切。

故事三：别样精彩

Louis 是个站在八中学生队伍里绝对不会受到关注的一员，个头矮小、相貌平平，成绩更是没有一科突出，但也从不会拖班级平均分后腿，爱好虽广泛，也无一能拿出来炫耀。然而就是在与他的一次次心灵对话后，我深深体会到，每个孩子都是一个别样精彩的世界，作为教师我要尽全力走近每一位学生，不忽略他们中的任何一个，未来他们每个人都会成为我的骄傲。

Louis 从不张扬（按他的话说：没啥可张扬的），对待学习十分认真，一贯按老师要求做事，课内勤思考，课外重积累，虽然因天资不够过人，成绩从未名列前茅，但总是乐观地相信老师说的——天道酬勤，这也是我感觉他最可贵的优点——乐观！与他聊天时说到爱好，他总是滔滔不绝，各种游戏自然不用提（他会不少游戏，不过自己能够把控时间，挺不容易

的），更有足球、乒乓球、航模、魔方、戏剧表演，甚至唱歌等，于是，在我的鼓励下，球赛中、舞台上他的身影频频出现，不为获奖，只为证明自己热爱生活、多才多艺。

时光荏苒，现在的 Louis 已经就读于一所加拿大名校，成绩依然不是他最突出的特点，但乐观依旧，所以他成为学生社团的核心、成为实习公司老板钦点的提前录用员工、成为所居住社区的"知名人物"（在社区内长期送报，又乐于帮大家忙，因而几乎熟识了那里的所有人）。

这些是孩子们留给我回味的众多故事中的几个，每当翻开相册、每当他们又回到我身边，那许许多多的往事就一幕幕闪现，这些都是我一生的财富，身为教师，我是多么的幸福！

外语组

孙歌

温暖的力量

在教学生涯中，总是会碰到个性迥异的学生，他们有的顽皮，有的幼稚，有的自我，有的懦弱。每一个孩子都需要老师花很多的精力和耐心来引导，但是当看到他们的改变和成长，那种成就感和自豪感就会油然而生。走进他们缤纷多彩的世界，总有久久不能忘怀的小故事让人感慨万千。

故事一：和谐相处的秘密

A 同学是外地转来的学生，刚到北京转到我们班级。他本身就是比较有个性的孩子，再加上表达方面比较啰唆，带着南方口音，和同学的沟通不太顺畅。刚开学的时候，他和另外一个小男孩有矛盾，竟然把别人的脸给抓花了。我在和他谈话的时候发现，这个孩子考虑问题比较极端，容易钻牛角尖，不太能听进去别人的建议，而且眼界比较高，总觉得别人不如他，瞧不起人。我当时只是给他建议，解决问题有很多种方法，武力是最无能的表现，希望他能够碰到事的时候冷静处理。

过了一段时间，总是有同学告诉我，"小 A 把我的笔给弄坏了""他把我的书给画花了"等等。我问他的时候，他总是支支吾吾说不清楚，而且还要找别人的原因。这样同学和他的关系日渐紧张，有一天又发生了一件事情。我到班上的时候，班上的一位大个小伙儿在哭，原来是小 A 说他是一个带着体味的大胖子，总对他出言不逊，而且态度特别蛮横。我找到小 A，问清楚了事情的原委，他开始的时候并不觉得有什么大不了的，但是我告诉他，每个人都有自己的底线，当你触犯到它的时候，别人会特别受

不了。正好我在课上讲过一篇阅读，当一个小男孩被人说自己长着最让人受不了的绿色丑陋眼睛的时候，他像一头愤怒的小狮子一样扑过去。我把这个例子拿出来和他交流，告诉他其实他也触犯了别人最不能碰触的禁忌。他似懂非懂地点头，但是对于如何处理这些事情还是没有任何的想法。

我和他妈妈联系了一下，商量出一个办法，让小 A 从家里带了一盒笔放到班级的公共区，如果同学们或者老师需要，可以从里面取出来使用。另外，他给那个男孩带一本书作为对他出言不逊的道歉礼物，并且表示愿意尝试和他做朋友。在接下来的一个星期里，我发现小 A 经常去看是否有同学或者老师用了他拿来的笔，而且很少有同学来告诉我关于小 A 弄坏笔的事了。慢慢的，班上的同学也对他的印象有所改观。到了学期末，我能听到他和同学们互相开玩笑的笑声，看到他和好朋友聊天的身影。

同学间的和谐相处对于孩子们来说很重要，我们老师只需要适时地帮助他们，提醒一下，孩子们就会感受到和朋友在一起的快乐和幸福。

故事二：温暖的力量

我曾经接触过很多行为习惯比较困难的孩子，自控力差，不够成熟，自我没有规则意识。这种孩子会让老师很头疼，因为他们对于班级的稳定会起到破坏性作用。第一次见到小 B，他显得特别的突出，自我介绍的时候几乎没有一句是大方地说出来的，怪里怪气的腔调惹得同学们哄堂大笑，老师提醒的时候，他索性趴在桌子上，用外衣盖着脑袋，谁都不搭理了。这样一个自尊别扭，又不按理出牌的孩子，我又要拿什么样的方法来对待他呢？在课代表的毛遂自荐环节，他希望能当语文课代表，我知道课代表需要极强的责任心，他明显是不太适合的，但考虑到这个孩子的特殊性，我还是给了他这个机会。接下来的工作中，他的缺点凸显出来，不能及时把作业收齐，名单统计有误，把作业要求抄在黑板上写不清楚等，同学们对此有很大的意见。一个月以后改选，我考虑到他会落选的情形，就提前买了几件小礼物，写上："感谢你对班级工作的付出，因为有你，我们感到了温暖。"结果不出所料，他落选了，但是当他接过小礼物，看到上面写的话语的时候，我明显感到他的惊讶、触动和自豪。当他再有违纪现象的时候，我不用多说，他会立刻会意并改正，我真切地感到孩子的心在向我靠拢。

随着时间的流逝，我发现他特别敏感，对于自己的形象和话语很在意，容易冲动，不管对老师还是同学，意见不合就会大嚷大叫。可都是孩子，同学们听到他的怪调的时候总会发笑，我总是想要找到一个合适的机会来引导。一次英语课，他回答问题时大家又是乐得前仰后合，我灵机一动，告诉同学们，英语其实是需要洋腔洋调的，他这样抑扬顿挫的腔调正是英语朗诵中需要的，而且他洪亮的声音正是部分同学所欠缺的。同学们安静下来了，他也平静下来了，在今后的发言中，竟然渐渐地正常起来。我明白，他其实是缺少表现自我的机会，想通过这种方式引起同学和老师的注意，当老师赞赏他的时候，他就想通过更好的方式来展示自己。这个孩子仍然有这样那样的问题，但是我能看到他的进步和转变。

有时候，温暖的话语和鼓励更能走进孩子的心灵，更能体现出强大的力量。

故事三：了不起的"普通"

小 C 是一个很普通的女孩，新生报到的时候，并没有给大家留下深刻的印象。但是她的嗓音很好，所以大家推选她和另外一名同学作为班级的代表在学校发言汇报学前教育的成果，她优美的文笔、严谨的态度和甜美的声音让大家眼前一亮。接下来的学习生活中，她依然是那个平凡不起眼的女孩，成绩平平，表现中规中矩。唯一的亮点是她负责墙报设计，总能非常贴切地把近段班级的文化导向表现出来，而且将老师和同学的意见做了很好的协调统一。学期中，班委改选，她出乎意料地当选班长，对于此，我也是抱着试试看的态度。班长的工作烦琐而且需要细致耐心，她能胜任吗？然而之后一切班级事务进行得有条不紊，而且不急躁不急功近利，她为人谦和公正，有坚持有原则，我逐渐理解她当选班长的原因了。

学期末，班级要出一份电子班刊，我大概给几位同学分了一下工，分为几个板块，分头进行。一个星期之后，一份制作精美、内容充实、新颖

大方的班刊放到了我的面前，我仔细询问以后得知，她负责了所有的合成、背景的设置、板块的安排等。还有在班级主题班会的筹备过程中，她总是默默做到最好。这之后的很多事情都让我对这个内心有坚持的女孩心生敬佩。

她并不是天资聪慧的优秀学生，但是她身上所流露出的责任感正是现在的孩子们所缺少的。何谓伟大，其实不正是把平凡的事情做到极致吗？她，这个让人感到温暖的女孩，做到了了不起的"普通"。

孩子们的小故事也给我带来了深思，我从他们身上学到了很多，也让我的教学生涯充满了缤纷的色彩。

外语组
刘黎明

我的学生小 K

小 K 的学习还在继续，尽管让人头疼，但小 K 的确是一个热情善良的孩子，他的问题不是一朝一夕形成的，也不是一朝一夕就能解决的。

开学第一天，小 K 便跑到我的办公室："老师，我们这学期学什么？我学过……"他讲了很多，临走时，还问我："老师，有什么需要我帮您通知同学的吗？"当时我还确实有事，是要找另一个班的课代表，小 K 听后，说："放心吧，老师，我帮您找他。"不到 5 分钟，课代表就过来了。当时，我想，小 K 真是个热情好学机灵的小男孩。

第一堂课，小 K 第一个到机房，很乖巧地坐好准备上课，之后的每一次课，他基本上都是第一个到。

每次课程，孩子们都有一个作品需要提交，两次课下来，我发现每次交的作品里面似乎都找不着小 K 的，我想着不对呀，这孩子每次上课都很认真，而且还经常举手回答问题，我想可能是孩子还不熟悉电子作品提交的流程吧。

后一次课，我特意提醒了小 K 该怎么交作品。

又一次课，还是没有小 K 的作品，我隐约发现小 K 上课似乎并没有那么认真，东看看，西看看，并经常要求我把网络打开，还会利用课间的开网时间打开很多网页，上课后别的同学做作品，他会趁着老师不注意慢慢消化网页。这次课后，我找他谈话了。

又一次课，小 K 依旧是第一个到，并和我说他要买一台新的电脑，我俩讨论了各种电脑配置，他懂得还真不少，他要买的型号配置很高，他说

那样玩游戏才爽。

此后几次课，依旧看不到小 K 的作品，无论怎么提醒，他会答应得很好，但就是不交。

又一次，由于学校安排，有一节课在班里看孩子们自习，小 K 在班里的位置在前排，桌上没有书，只有好多纸，不写作业，专心地用纸叠飞机。多次用眼神提醒无效，我不得不把他叫到教室门口跟他谈话，我有点生气，可能语气严厉了些，还没说两句，小 K 哭了，边哭边像个小大人一样跟我说："我都知道，不就是不学习就上不了好高中嘛，不就是上不了好高中就上不了好大学嘛，不就是上不了好大学就找不着好工作嘛，我都无所谓的……"我有点诧异，不知道他小脑瓜里怎么会有这些想法，开导了一会儿，他告诉我，他想去洗手间，去了许久，直到我找同学去叫他，他才出来。

我去找了小 K 的班主任，班主任告诉我，小 K 基本上哪科作业写得都很少，打电话告知过家长，家长也没办法，由着他去。班主任很头疼。

小 K 似乎真是一个传统意义上的"问题学生"。

一次中午，在楼梯口碰到小 K，他端着菜盘往楼上跑，我告诉他食堂的饭不能拿到教室去，他说他们班一个孩子脚崴了，他帮那个孩子打饭，老师允许的。后来又碰到一次帮同学打饭的小 K，看他拿着菜盘小跑着上楼，我似乎又看到了那个热情的小男孩。

课上，我改变了策略，除了提交作品，每次还会请几个同学展示他们的作品，孩子们很积极，争相展示自己的作品，但小 K 似乎很平静。一次，做作品时间，小 K 在我的监督和"压迫"下不得不完成了他的作品，完成得还很优秀，展示时间，我第一次展示了小 K 的作品，同学们很惊叹，我观察小 K，能看出来他很开心。之后，我发现小 K 真是很聪明的孩子，作品完成得很快。展示时，我特意多给了他一些机会，每次效果都不错，这之后，同学们上交的作品中再也没缺过小 K 的。

由于孩子们计算机基础差别比较大，每次课的基本任务，有的孩子能顺利地完成，有的孩子则会比较慢，为了防止基础好的孩子完成任务后没事儿干，我给他们准备了一些"挑战"任务，完成"挑战"任务，还会有一些加分奖励，很多孩子完成基本任务后，都会很踊跃地去做"挑战"任务。小 K 应该是属于基础好的那一类学生，但是他提交完基本任务作品后，从来不会去做"挑战"任务，而是跟我商量能不能给他一点自由活动的时间，互联网对他的吸引力太大了。

小 K 的学习还在继续，尽管让人头疼，但小 K 的确是一个热情善良的孩子，他的问题不是一朝一夕形成的，也不是一朝一夕就能解决的。我相信在家长和学校的共同努力下，小 K 会成长为一个聪明好学的阳光男孩，能用他的聪明才智为祖国的未来贡献一份力量。

信息技术组
巩媛丽

尊重学生

我之所以能赢得学生的信赖，想来就是得益于平等坦诚地面对学生，将他们带给我的感动、快乐和成就感告诉他们，并向他们表达我对他们的尊敬和感激。

做老师久了，尤其是做班主任久了，就会渐渐习惯居高临下地面对学生而不觉得有什么不妥。事实上，虽然这种近似于上下级的师生关系有时是必要的，但还是应该经常怀着充满感动与敬意的心去面对学生。下面这篇小文是我的一篇工作日记，记录了一个令我感动至今的事。

我的班里有个与众不同的小伙子，他姓周，是初二时转来的。来时正值9月，天很热。他戴着棒球帽，进班坐下半天也没有要摘下的意思。这时我看出他大概是没有头发。我悄声走到他身边低声问："是不是不方便摘帽子？"他点头。我微笑着冲他做了个"没问题"的手势。以后好久他始终戴着帽子。我从没有在班中向其他孩子提过不许嘲笑他的要求，因为找不到提这要求的合适机会。可我的班上从始至终都没有人为此嘲笑过他，这令他的妈妈十分感动，其实我更是感动，孩子们多善良啊！

再后来，有一天我上课居然看到小周摘帽子了！光光的一个大脑袋，他面无羞涩，别人也神情如常，我顿时感动极了：我的学生真是太可爱了！小周虽没有头发，但他竟然能在全校升旗仪式上当众摘帽向国旗行礼！这得是多大的勇气啊！他只是个14岁的小孩儿呀。难道他听不到别班的怪笑吗？再后来，小伙子在操场打球时也摘帽子了。此时此刻，他正和一群男孩子在篮球架下奋勇上篮，看上去开心极了。这孩子多棒啊，我从心底佩服这孩子，这是个有尊严的孩子，是个值得尊敬的人！

我与小周的家长交流过，我说他的勇敢和自尊我不好在全班表扬，但老师们对孩子的佩服应当让家长知道，请她放心：她的孩子能够在我的班上、在我们北京八中健康地成长。

后来的事实证明，这件事不仅深深地打动了我，更是深深地触动了这个孩子的心灵，让他感受到了集体的温暖。在2006年他中考二模作文的时候，他就以此事为材料写了一篇考试作文，记录了这一段令他难忘的经历，作文题目要求是以"平等"为内容写一篇作文。

是个凡人

我从小学三年级开始掉头发，到现在脑袋上的头发变得有一块没一块的，帽子成了我的必备之物，在常人异样的眼神中，平等对于我只是一种奢求。

初二第一学期，我转来了这所学校。第一天上学，我紧张地走进了教室，在讲台前做了自我介绍。到现在我还记得我当时的窘态，从开始到结束我都在尝试着抬起头来，可是自始至终我的目光只是游离在我脚前的一块地砖上。介绍完之后我茫然无措地走向了自己的座位，看到的只有自己的帽檐。好吧，我是很内向。

课间十分钟终于还是来了，我抬起了头准备去迎接同学们异样的目光，好吧，我就是没有"毛"，我就是得戴帽子。奇异的，同学们的脸上没有奇怪的神情，而是善意的微笑。当我带着敌意的目光被他们友善的目光击溃的时候，那一瞬间我似乎看不见自己的帽檐了。

那年夏天特别的热，体育课刚做完准备活动，我的帽子已经被汗水浸湿了，粘在头上感觉很不舒服。自由活动的时候我坐在阴凉的地方看同学打球，这时有个同学跑过来："一起玩会儿吗？"我竟茫然地点了点头！几个球后我的帽子似乎是湿透了。突然，有个声音："把帽子摘了吧！天那么热。"我摇了摇头："不，我不热。"这时更多的声音响了起来："摘了

191

吧！""是啊，都湿透了。""我们不介意的。"

好吧，想看就看吧，我摘下了帽子扔到了一旁。场上微微静了那么一瞬间，然后有人叫了一声"继续吧"，众人又闹腾了起来，他们开始频繁地把球传给我，当我进球的时候，为我鼓掌，为我喝彩，我喜悦地去看他们，去看他们对我的微笑，我似乎又看不见自己的帽檐了——不，这回是真看不见了！

后来，我开始勇于和同学们一起活动，一起吃饭，开始慢慢融进这个充满爱的集体，也感受着这个班级给我的平等。

现在帽子对我已经不那么重要了，我开始喜欢爽朗地大笑，与同学们谈笑风生。

面对这样的平等，我只能说感谢。

其实，写这篇作文的时候，他已经来到我的班级将近两年了，早就和这个大家庭融为一体了；时隔那么久，他还能清楚地记录这段经历，还能那么真挚地表达自己对这个集体的爱，我真的是感动极了——在批改这篇考试作文时，我禁不住热泪盈眶，在评语中大大地写了一句："我真爱你！"再后来，我甚至收藏了他这张作文试卷。

时至今日，我已在班主任岗位上工作 18 年了，常常被学生们的一些小小不言的、有时甚至是他们自己都没意识到的事情感动。我之所以能赢得学生的信赖，想来就是得益于平等坦诚地面对学生，将他们带给我的感动、快乐和成就感告诉他们，并向他们表达我对他们的尊敬和感激。这种表达不一定是言语上的，也许是个眼神，也许是个动作，总之都一定会以某种方式传达给学生，这个时候，就是学生从心底认可你、信服你、服从你的时候，长此下去，自然会形成师生间的默契，我们的班主任工作就会很顺利地开展了。

语文组
杨 华

小月的故事

有的时候教育是有形的，但更多情况下教育是无形的。我们的一言一行时刻影响着学生的行为习惯和言谈举止，而这也是浸润式教育的魅力所在。

"随风潜入夜，润物细无声。"是我国著名诗人杜甫的名句。好雨知道下雨的节气，正是在植物萌发生长的时候，它随着春风在夜里悄悄地落下，悄然无声地滋润着大地万物。而我们的学生恰恰就是正在萌发生长的"植物"，而作为老师的我又是如何做到好雨在恰当的时候滋润我的学生呢？我想我和小月的故事会给大家一些启发。

和她的初识，还是在初一的家访过程中，她弹得一手好钢琴，有礼貌，懂事也乖巧。初一刚接班，她的英语成绩非常不理想，入学考试只有30多分，对学好英语这门语言非常没有自信。但在最后中考的时候，英语却成为了五门中成绩最高的科目。更为可喜的是，她重拾了对英语的信心。而这其中的转变，有她自己的不懈努力，也有我作为一名英语老师的三年的浸润式教育。现在再回想看这种教育，既有有形的也有无形的。

这无形的教育来自我的第一堂英语课。初一，我的第一堂英语课上，在谈论了英语的重要性之后，我和孩子们讨论了如何学好英语的问题。孩子们各抒己见，最后我给了我的看法。其实就是三句话：Believe in yourself; use the right method; and work hard. 我告诉他们，小学的英语已经成为过去，张老师看到的是大家的现在。英语其实并不难，首先，你要相信你自己。你们每个人都是这世界上独一无二的，你们要相信你们自己。只要你有了信心，就一定可以学好。其次，要用合适的方法。最后，

也是很重要的一点，一定要努力下功夫。只要你具备了这三点，英语算得了什么，一定可以把它学好的。说完了这些话，班里的孩子们都使劲地点点头，而小月也是其中之一。

后来在和小月妈妈的交流中，我得知孩子把那一堂课深埋在了心里。英语基础薄弱的她在作文中写道："过去的都已经成为过去，只要我相信自己，掌握正确的方法并且下功夫，我是一定可以学好英语的。"

对学生的教育我有着自己的小方法，那就是小笑脸和小哭脸，还有加油声。翻看我所教班级的作业，会有很多表情的符号。比如，小笑脸和小哭脸，还有加油声。这点在小月的作业本上尤其明显。记得初二第二学期的听写，小月的听写有起有伏。有的时候，她能得 100 分，自然而然地我就会画小笑脸在她的本子上。但有的时候，她没有好好背单词，就只得了 60 分，我就画了个小哭脸在她的本子上。同时还会附上两句加油声，鼓励孩子要努力了。记得有一次，她的本子上连续有了三个小哭脸，我还在边上写了一句"What's wrong with you?"（你到底是怎么了？）在下次的听写中，还没判听写的我，在前次的听写中看到了一行字："老师，对不起，最近一直在弄数学，忽略了英语，我会加油！"而这次听写她得了个小笑脸，我还在旁边附上了继续加油的字样。

经常和孩子们谈谈心是一个了解的过程，就像我和她一模后的畅谈。初三的小月，压力很大，话也没有以前那么多了。她的一模成绩，特别是英语成绩不太理想。一天中午，我把她找到办公室，想和她聊聊。这时的她比以前沉默了很多，默不作声。我轻轻地问她："是不是觉得付出了没有回报？"她轻轻地点点头。一行眼泪已经从眼角流了下来。我递给她一张纸巾，拍拍她的头，轻声地说："没关系，又不是最后的中考。人生很多事情都是这样的。不是有的时候付出就一定立马会有回报的。我以前上学的时候，也有过很多这种情况。但是哭过，就过了，没有什么是克服不了的。"她轻轻地点点头。"你是不是给你自己的压力太大了啊？是每天都在学习吗？""我特别害怕会考不好，考不上，考不上自己理想的高中。"她吞吞吐吐地说。"傻孩子，不要给自己这么大的压力！还记得我们说的那句话吗？——All study no play makes Jack a dull boy. 虽然现在是初三，时间很紧，任务很重，但适当的休息和放松也是非常必要的。你看，就像一根皮筋，如果绷得太紧，它是不是很快就会断了；但如果绷紧后，再松一下，绷紧后，再松一下，是不是比以前的松紧度还要好。你现在的状态，就是一直绷得太紧了，不仅压力很大，效果也不会很好。找个自己喜欢的方式，放松下，你会看到不一样的效果的。"小月没有说话，若有所思。"走吧，孩子，中午去和其他同学们玩会去吧！"

之后的一段时间，我发现小月经常出现在操场上，不再是拿着课本，而是和她的同学们玩耍。脸上的笑容也多了很多。一模后的成绩也非常稳定，再也没有出现大起大落的情况。

我的英语学习也在无形中影响了她。"得阅读者得天下"，这是我在英语课堂上经常说的一句话。阅读能力的提高得益于大量的阅读。而书籍是我们最好的朋友。初一春游的休息时间，我拿着一本英文读物在读，正看得津津有味的时候，小月和好几个孩子走了过来。好奇地看着我的书，大声地问："老师，这是本关于什么的书啊？好看吗？"

"是本侦探小说，挺有意思的。"

"可是，您英语都那么好了，为什么还看书啊？"

"傻孩子，老师也要再进步啊！老师要不看书，不学习，不就该退步了吗？老师也得通过这种方式保持自己的英语水平啊。"

初二的一天，我报名参加了区里的外教课，进一步提升自身的英语水平。刚要去上课的时候，小月和几个孩子正准备去上体育课。看到我，停下了脚步，说："张老师，您这是干吗去？"

"我们去上外教课啊！"

"是您去给别人上课吗？"

我笑了笑："是老外给我们上课。"

"哦，您还要去学习啊？"

"对啊，活到老，学到老嘛！"

后来，在一次家长会上，小月妈妈特意找到我，特别谢谢我。我很纳闷："您这感谢从何而来啊？"

"您不知道，自打小月知道您还在坚持学习英语，看英文书，上外教

课后，就非常受启发。现在她每天，一起床就听英语，除了作业之外，她还坚持看英文的课外书籍。是您的教导，才让她对英语这么有信心和有兴趣的啊。"

"随风潜入夜，润物细无声。"小月和我的故事，让我深刻地体会到了这句话的含义。教师的职业对学生的影响可以说是深远而重大的，也就是这一点，让我越发觉得"学为人师，行为世范"的重要性。

外语组
张晓玲

从细节出发

能否认真摆放水瓶是件小事，但它折射的却是你的心灵！

现今社会，经济高速发展，人们的意识也在不断改变。"在中国，想做大事的人很多，但愿意把小事做细的人很少；我们不缺少雄韬伟略的战略家，缺少的是精益求精的执行者；绝不缺少各类管理规章制度，缺少的是规章条款不折不扣的执行。我们必须改变心浮气躁、浅尝辄止的毛病，提倡注重细节、把小事做细。"

在这样一个大的背景下，做事浅尝辄止，做学问不求甚解的浮躁的社会风气在校园中不断蔓延，深刻地影响着学生的价值观和人生观，从而造成他们为人处世轻浮，学习敷衍，使他们缺乏社会责任感，不懂得尊重别人，自私、虚荣。具体表现在以下几个方面：

（1）学习上粗枝大叶，囫囵吞枣，不求甚解。

初中属于义务教育阶段，知识的深度和广度都不是很大，只要能够做到以严谨扎实、踏实认真的态度去对待，一般情况下不会出现太大的问题。而认真扎实又是一个人学习和工作必不可少的态度。这一态度的培养离不开对细节的重视。学生在学习中所体现出来的不好的学习习惯实际也反映出他们对生活的态度。所以，对他们学习习惯的培养，也是要培养他们良好的人生态度。

（2）环境意识差，不会劳动。

由于都是独生子女，父母对孩子相对比较娇惯，家务活一般都由家长包办代替，所以养成了他们懒惰的习性，随手丢弃东西，不会主动去整理房间，久而久之，形成了他们对凌乱环境的麻木、事不关己的态度，从而

导致他们劳动观念的淡漠，劳动技能的缺失。我曾经手把手地教过他们如何扫地，如何拖地，如何擦黑板。请别忘了，他们已经是十一二岁的初中学生了。

（3）自私自利，不会为别人考虑。

新时代的学生有着新时代学生的特点，作为独生子女的他们多少都有些自私，别人（包括老师）为他们做的事情他们都认为是应该的。学生不会扫地、擦地，我会拿起笤帚和拖把做示范。言谈举止我会为他们做出榜样。地上掉了一张纸，老师走过去把它捡了起来，会对学生产生多大的影响，我已经不能确定。

（4）自理能力差，经常忘事。

升入初中以后，学校教育更强调要培养学生自觉、主动学习和工作的能力，而随着学习科目的增多，需要他们做的事情也越来越多，所以，能否合理地安排时间，圆满完成各项任务实际也是对学生能力的一个考验。但是，他们往往是丢三落四，顾此失彼，学习缺乏计划性，做事没有条理。

鉴于以上这些问题，我一直在寻找一个合适的教育契机，希望帮助学生养成良好的行为习惯和优良的品质。经过反复考虑，我认为良好习惯的养成还是应该从小事抓起。我把切入点放在了教室卫生的治理上。但是有一个问题一直困扰着我，就是学生喝完水以后，把水瓶杂七杂八地扔在教室的角柜里，角柜的空间有限，又不能天天出去卖瓶子，所以用不了多久就放不下了，而学生们依然不管不顾，水瓶子经常掉得满地都是，教室里因此显得乱七八糟，值日做得再好，也是功亏一篑。而且，这还使学生养成了随手扔东西的坏习惯。后来，我就要求生活委员准备一个大塑料袋子，将水瓶统一放在袋子里，但是装满的袋子依然没有地方可以放置，放在哪儿都显得很扎眼，给人的感觉很不舒服。矛盾与无奈一直伴随着我。

有一天，我突然发现电视柜下面的空间比较大，如果很好地利用一下效果应该会不错。其实，只要规则地摆放水瓶，柜子的空间足够坚持摆放一个月左右。关键就在这个"规则摆放"了。我突然意识到，这是一个非常好的教育学生、培养他们良好习惯的机会。

所谓"规则摆放"，就是要用心，而要想做到用心，就必须心中有人。

张校长曾经向学生提出了三点建议，其中的一点就是"心中有人，眼中有事"。具体讲，就是要时刻想着他人，主动自觉地为他人服务。而这一点的落实，往往就取决于一个人对小事的重视程度，人们常说"细节体现水平"，我要说："细节反映品质。"所以，我要求每一个学生喝完水以后都要把瓶子一个挨一个地码好，一层码好后接着码第二层，并且提醒学生，要想让这个水瓶子保持非常整齐的状态，前一个同学一定要为后面的同学考虑，如果前一个同学图方便，很随意地把瓶子放在那里，那后面的同学找不到摆放的基点，也会胡乱地摆放，那么这个做法就无法进行下去了。并且为了使剩余的水不至于洒得到处都是，一定要把瓶盖盖好。结果，一个月下来，柜子里的瓶子摆放得整整齐齐，连一个瓶子盖都没有少。

但是，一个月过后，就又出现了问题，同学们开始有所放松，柜子里的瓶子开始显得凌乱了。其实，这是一个非常典型的问题。因为首先，习惯的养成需要一个过程，而这个过程往往会比较漫长，所谓"江山易改，禀性难移"，就是这个道理。其次，一个成年人的意志力和恒心都不是那么坚定，更何况孩子了！最后，教育，本身就需要耐心和持之以恒。所以，我并没有半途而废，而是在柜子上贴了一句警示语"能否认真地摆放水瓶是件小事，但它折射的却是你的心灵"，这取得了意想不到的效果。学生们又能认真地摆放了。

后来，学校为此特意表扬了我们班，还专门在全校做了宣传，我更是抓住这次机会，大力地表扬和鼓励同学们坚持不懈地做下去，一直到现在。

这件事情对我们班的影响是积极而长远的。半个学期下来，我发现了一些令人欣喜的变化。教室里的环境整洁了，地上的废纸没有了，值日做得认真了，作业交得齐了。更主要的是，班里关心别人的现象越来越多，互相理解的事情也越来越多。

知识改变命运，能力创造未来，习惯关乎素质，细节决定成败。

语文组

申　博

笑容从这里绽放

我一直相信只要教育的方法正确，每一个孩子都会朝着阳光生长。小泽就是这样的孩子。

"这……这……"小泽低着头支支吾吾地不敢大声说话，也不敢直视我的眼睛。我耐心在旁等待着，就这样我们相持了大概半分钟，对我来说，这半分钟似乎凝固了，我多么希望他能说出一句完整的话来，而他只是低着头，似乎在默默反抗。因为刚刚参加工作，第一次遇到这种情况，我的大脑里迅速转着想要对他说的话，结果想说的太多，导致无从说起，所以我只好对他笑笑，拍了拍他的肩膀轻声让他坐下，并对全班同学说："哪位同学来帮帮他？"

这是我第一次提问小泽，而且是点名提问，因为他入学以来没有主动举过手。班里其他的学生在课堂上都很活跃，只有他在一旁静静地听课，似乎这个课堂和他无关。

这是七年级的第一学期，正值天高气爽的秋季，白云在蓝天上游走，看着窗外打篮球的学生渐渐增多，我想应该找小泽聊聊天。于是一天放学后，我来到操场，看到了正在跑步的小泽，我就在操场上独自跑了起来。我本想很自然地跑到他身边去，没想到他先跑到了我的外侧，并和我聊了起来。他说他平时很喜欢玩电脑，但并不是单纯玩游戏，而是制作 flash 之类的。他说起电脑知识来头头是道，我这个 "80 后" 居然很多都不知道。就这样，我们一起在操场上边跑边聊，直到静校的铃声响起。

我一直相信只要教育的方法正确，每一个孩子都会朝着阳光生长。小泽就是这样的孩子。

第二天我刚一到教室，小泽就跑到我面前问我用不用帮忙，我笑着说："那就麻烦你帮我把课件拷在电脑里吧。""好的。"他边答应着边去开电脑。从那天起，他每节课都会帮我做些琐事，虽然他并不是语文课代表。

之后每天我都会和他一起去操场跑步，有时候一言不发，有时候聊聊天。渐渐的，他打开了话匣子，说起了他的故事。原来他的父母在他小时候就离婚了，他一直和妈妈一起生活，平时妈妈对他关心比较少，管教的时候不是打就是骂，所以造成他的性格比较孤僻，而且母子关系特别僵硬。这让我想起了托尔斯泰的话："幸福的家庭都是相似的，不幸的家庭各有各的不幸。"我开始明白只关注他在学校的表现是不行的，走进他的心灵世界才能找到解决问题的钥匙。于是我开始关心他的内心世界，只要有时间，就会和他聊天。

在聊天的过程中，我惊奇地发现，他的语言表达能力一天天地提高了。他能够滔滔不绝地和我谈论周末发生的事情，也会和我聊聊同学之间的八卦，刚开始时都是断断续续的短句，后来渐渐成了长句。于是我试着鼓励他在课堂上回答问题，不管回答得怎么样，我都会夸奖他，并且报之以微笑。

在讲到苏轼的文章时，我布置了制作苏轼手抄报的作业，由于大家制作的都是纸质版的，不容易保存，所以我向大家提议，有没有人可以把它们制作成 flash，话音刚落，平时不爱举手的小泽出人意料地举起了手，并且大声说："老师，我来做。"我心里窃喜，小泽果然中了我的"圈套"。

我把两个班学生做的手抄报全都给了他，给他三天时间，并给他做了一些指导。三天之后，我刚走到教室门口，小泽已经在等我了。他看到我后，拿出了 U 盘，让我欣赏他的作品。我回到办公室，赶紧就把它放到了电脑里，打开时，呈现在我面前的是制作非常精美的 flash 动画，每一张学生的作品他都照了相片，放到了一个文件中另外保存着。课堂上，当我向大家展示时，每位学生的脸上都洋溢着幸福的微笑，因为自己的作品变成了动画供大家观看。同时，大家也非常惊讶，似乎不敢相信平时沉默寡言的小泽能够制作出这么精美的东西来。过了一会儿，班级里响起了热烈

的掌声，我也在班里表扬了他，这次他没有低下头，而是非常自然地接受了我们的掌声。这时我们目光相对，他对我笑了。

时光荏苒，一转眼就到了八年级下学期，学业压力一下子重了起来，我为了激励大家背诵的热情，在班内进行了分组竞赛制度，并在每组选出组长督促组员背诵。在选组长时，我首先想到了小泽，并且私下里征求了他的意见，刚开始，他有些犹豫，害怕自己能力有限，也怕大家不听他的，我有些遗憾，本以为他会很痛快地接受这项任务，也许他是看出我的失望了吧，过了一会儿，他又说："我先试试吧。"我心里一下子高兴了起来，并对他笑了。

几周下来，每次背诵最快最好的就是小泽的组，他每次都站在教室门口等着我，当我听完他背诵之后，他就会进入班级督促组员背书，看着他辛勤的背影，我笑了。

北京八中亦庄分校
语文组
刘美康

学着等待

孩子的成长需要有效的教育，而教育需要等待。正像那大自然中生机勃勃、千姿百态的花朵，不论严寒酷暑都会选择某一刻去绽放自己的美丽。

"咔嚓"，随着钥匙打开办公室门锁的一刹那，忙碌的一天也随之到来。带上上课所需的课本、教案和教具走进教室。清晨的缕缕阳光透过明亮的玻璃射进教室，我不禁眯起眼环视着：整齐的桌椅、洁净的教室，这一切都会给人带来一份好心情。

"老师早！"伴随着一声声问候，学生们陆陆续续走进教室。他们有的认真做着值日，有的快速地交着作业，有的认真地进行早读……望着学生们井然有序的身影，我的嘴角渐渐浮现出一丝笑容。经验告诉我，这一天将是忙碌的、有序的，也会是快乐的，我为班级稳定有序的管理而自信。我不是一个专制、过于严厉的老师，我以平和、开明的管理作风和快乐、随和的性格和学生共处。

小孙同学递给我回收的 12 月情况反馈表，"老师，共有 41 份，××和××家长没有签字，他们说明天再补交。"小孙清脆地说着。41 份？应该差 3 份才对啊。"还有哪位同学反馈表没交啊？"我问全班同学，可是并没有人举手，"各组组长，还有谁没交反馈表吗？"仍然没有人举手。为了让家长及时了解孩子们在学校的情况，我们每个月会有一张反馈表发给家长，反馈表上有一个月以来孩子的小测验成绩、个人行为分以及一个月内未交作业次数。回到办公室，我对着学号整理这份反馈表，原来还差小郭同学，我嘴角的笑容开始凝固，不禁搜索着他的身影。

　　小郭是我们班一位清秀的男生，平时内向胆小，有时候甚至显得有些拘谨，缺乏自信。他在我这里已经存放三份检查了，作为组长的他没交反馈表，我马上就明白了其中的原委。我们班有两个这样的规定：一是"越是在黑暗的地方，越要做光明的事"，凡是老师不在的场合，违反班规的会重罚，比如自习课违反自习纪律，就得写检查，同时会扣掉一定的行为分。这个规定的主要目的是想培养孩子们的自律意识，使学生从小学的处处需要老师盯着慢慢变为自己管理好自己的学习生活。二是"事不过三"，如果一个学期之内，在我这里有三份检查，再犯错就会受到请家长等更为严厉的惩罚，如果不超过三份，期末我就会当着孩子们的面把这些检查都处理掉，翻过去这一页，然后一切从头开始。这个规定的主要目的是想让孩子们知道，我会给孩子们犯错后改正的机会，也不会一有事就找家长告状，会等待他们知错就改。但如果反复犯错却不改进，也会受到相应的惩罚。

　　小郭同学的第一份检查是因为自习课他与别的同学说话。当时我和他谈得挺好的，他的认错态度很诚恳，也跟我讲了，小学没有自习课，所以不太习惯没有老师管理的课堂。这样一个知错认错的内向男孩，我哪里忍心狠狠批评，马上原谅了他！小郭的第二份检查是因为中午在教室和同学追跑，他把芬达的瓶盖戳了几个孔，到处滋水，把黑板也滋得黏糊糊的，因为这个，我罚他擦干净黑板，同时他又写了第二份检查。我对他又有了新的认识，那么一个内向拘谨的男孩，原来也有疯狂的一面。在这两次犯错受批评之后，他也确实好了很多，各方面都有着很好的表现。

　　有次我外出学习了几天，在此期间由副班主任帮着管理班级事务。当我回来和副班主任交接工作时，我感到非常欣慰，我不在的几天，孩子们一切都挺好，唯一的问题就是小郭同学自习课上又随意说话，影响同学。班里面比他淘气的男生多了，为什么问题还是出在他这里？自然他的第三份检查也就有了，我还没来得及提醒他"事不过三"，他又反馈表不交，因为反馈表记录了他的违纪情况，不敢给家长看啊！我立即联系了小郭的妈妈，告知了事情的经过，并约好第二天下午到学校面谈的时间。这次的面谈表面上是对小郭违反"事不过三"的惩罚，实际上是我想了解一下孩子在家的情况。

和小郭妈妈的沟通，是以小郭妈妈的哭诉开始的："董老师，我怎么办啊，他怎么这么不听话，我管他这么严，我昨天晚上训了他两个多小时了，今天早上又说了他一个多小时……""董老师，昨天接到您的电话，我都不知道怎么办了，都初中生了，我上班特别辛苦，还这么盯他的学习，他怎么还这样……""董老师，我跟他说了，他再这样，董老师就不要他在这个班里待了……"我一直静静地听着，小郭妈妈足足说了近20分钟，从他妈妈含泪的哭诉中，我明白了小郭宁可被我批评，也不敢把反馈表带回家签字的原因。小郭妈妈把他管得太严了，小郭在家只能学习，一旦干点别的，就会被妈妈训，或许这就是小郭内向和拘谨的原因；小郭妈妈太焦虑，孩子犯错是很正常的事，他妈妈却如临大敌，这样的情绪肯定会传给孩子的。

小郭妈妈说完，我肯定了妈妈对小郭的无私付出。同时我也很坦诚地跟小郭妈妈交流了我的看法。第一，小郭妈妈把学习看得太重，放学回家只能学习，作为一个男生，他没有释放的空间，所以就只能在学校释放了；第二，虽然小郭连着犯了几次错，但是小郭妈妈也把事情想得太严重了，他还是孩子，犯错不是很正常的吗？不用那么焦虑，而应该想办法引导孩子提高自我约束力；第三，需要给孩子改正的时间，不要总是过多地说教，我们有时候需要的是静静地等待，教育是需要等待的，等待也是教育。后来，小郭妈妈的焦虑情绪缓和了很多，也自我检讨说，自己教育孩子时太急躁，对孩子学习要求太高了，自己也累，孩子也累。就此我给小郭妈妈提了一个要求，这次回去后，不要再训斥小郭，向小郭表明相信他能改进。

跟小郭妈妈谈完后，我再与小郭交流的时候，也同样坦诚地跟他说了我的想法和建议。第一，不管怎么样，你都是我的学生，不管你犯几次错，我依然相信你会改的，我会给你改正的时间，我会等着你，只是希望你不要在一个地方摔倒太多次；第二，中午时间比较长，建议去操场打篮球，这样有释放的空间；第三，自习课，要想出具体办法自我约束，如提前给自己安排好自习课的具体任务等。

在这之后的两个多月，我经常和小郭妈妈沟通，告诉妈妈小郭的每一个小进步。小郭的情况有了明显改善，中午真的去打篮球了，自习课也没有再违反纪律，虽然偶尔还会淘气调皮，但是整体而言，他在努力着、进步着，我感到很欣慰，我还会等待他更大的进步，等待他不再内向胆小、不再拘谨，等待他变得阳光、自信……

让我们和家长一起学着等待，学会等待！

数学组
董兰兰

用耐心等待孩子成长

教育需要等待，但不是说在这个过程中，老师只是单纯地等待，什么也不做。其实，老师是在积极地做思想工作，用爱和行动感化学生。

入职北京八中第一个月的新教师培训，石伏平主任讲过一个"十年后的拥抱"的故事，至今印象深刻。她说，教育需要等待，有时教育的成果十年后才能显现出来；教育是为着孩子的一生，辛苦的付出早晚孩子能够理解。如今当班主任两年半，更深刻地体会到这些话的含义——用耐心陪伴孩子的成长，这份成就感就算迟来也足以抹掉所有辛苦。

有一个孩子叫小王，大个子，很聪明，学习成绩也不错。但在初一下学期，他开始迷恋上网络，每天晚上玩到很晚才睡觉，第二天起不来，结果几乎天天迟到。当时，我和康老师去他家家访了一两次，了解情况，做思想工作，稳定了一段时间但总是反复。这时，他跟班里同学也相处得不好，同学也总拿他开玩笑。他到校的情况更不好了，完全的"三天打鱼，两天晒网"：凡是有自己感兴趣的活动就来上学，只是上课就请假不来。家长很着急，却一点办法都没有，孩子照常玩游戏、不上课。作为老师，我们一方面鼓励他，只要有进步就表扬他；另一方面做好班级学生的工作：班级同学都是兄弟姐妹，大家要积极主动地帮助他克服困难，就算小王同学来迟了，大家也不要特意看他甚至发出起哄声。同时，我们随时跟家长保持联系，即使在他不来学校上课的时候也经常关心他在家里干什么，交流如何更好地跟这个年龄段的孩子沟通。

2012年春天，我和几位老师带领班级同学到赛罕坝社会实践，已经好

些天不上学的小王同学也去了。长得很壮的他一路没少给班级添麻烦：徒步拖后腿，一路上随便大声讲话，卫生也是问题……印象最深的是回北京的大巴车上，因为不听话吃地摊上的东西在车上吐了好几次。同学当时赶紧递水、递纸巾给他，谁也没有露出不愉快的表情或者指责。我赶紧把他安排到前面座位，帮他打扫、整理，一次又一次。回北京的五小时车程，他情绪比较低落，什么也没说就回家了。

这以后，他能坚持上学的时间逐渐多起来，成绩也逐渐上来了，只是面对同学和老师还有些躲避，见面总低着头，不好意思打招呼。但同学和老师依然很真诚地跟他交流，邀他一起学习或参加班级活动。慢慢的，他能每天坚持按时到校，见老师也能笑着打招呼了，前几天正好碰上我跟另一个同学谈心，他笑嘻嘻地跑过，喊道："成长的烦恼，经历过就好啦！"真的，当老师的幸福在这一刻油然而生，虽然他从来没有正式对我说过一句感谢，但我知道：他度过了那段艰难的成长历程，长大了，足矣！

还有一个孩子叫小刘，聪明，学习成绩也不错。但他个性过于突出，根本意识不到遵守学校纪律要求的重要性，是个典型的"刺头"。比如学校要求自行车摆放整齐，他非要随意摆放，还振振有词地认为摆得下就可以；只要在教室，总是写作业，不管这时是班会还是学校集体活动；班级第一批团员发展，很正式严肃的场合，他能大声问："团员有什么好处啊？""成为团员能免费坐公交吗？"他也总在同学中宣称"行为分有什么关系，爱扣就扣"；课堂上，他基本不听课，上课就写作业，偶尔突然大声冒一句"刚才讲的什么啊"，引得同学大笑，老师生气。这样的事例还有很多，曾经一段时间，我都跟他谈"组织纪律性"、谈集体、谈学习方法，批评或者讲道理，或者告知家长，他几乎都不能接受甚至强词夺理，最后我变成了更强硬的指责，他也情绪激动，谈的效果很不好。后来，我发现他做值日特别认真，就以此事表扬他，并且用行为分鼓励；遇事时，就心平气和地跟他讲道理，如果他当时不能认同，就让他自己再琢磨琢磨，或者就此事跟家长交流想法。慢慢的，我发现他对行为分开始重视了，期待自己能多加行为分；遇事不再那么极端，一些极端的话也少多了；虽然还是爱写作业，但更多时间能认真听课了；有时放学路上遇到，还特意走近打声招呼。这样的变化也带给我思考：强硬的要求有时能取得及时的效果，但孩子可能心有怨气，问题可能越积越多；更多一些耐心和理解，孩子会慢慢成长，而老师的这片心他也能理解。

班里还有一位王同学，他的成绩起伏比较大，聪明但懒散，所以抓抓紧成绩就上来了，稍有放松成绩就一塌糊涂。初二刚开学，他懒散的毛病又犯了：空余时间都用在了打篮球上，作业经常不完成，上课说话，成绩直线下降；这时候，脾气也倔起来，经常面对纪律熟视无睹，对于老师的要求甚至直接顶撞。我明白，这是男孩进入青春期的典型表现，过于强硬的要求可能会适得其反，所以作为班主任，我一般采取讲道理的策略，尽量不发火，私底下跟他谈的时候比较多。每次他都能认识到自己的不足，保证改正，但一段时间后又会反复。当时我就告诉自己：孩子的成长需要过程，不可能一蹴而就，再有耐心些。这次寒假的德育作业，让我看到了他的真实想法：

> 记得第一次铃声仪式，校长讲的那些话，在那时还有些不以为然。觉得差不多就行了，直到现在，我才发现原来校长的话是多么有道理——"先做应该做的事，再做自己喜欢做的事"。一句简短的话，却包含了一个让人深思的道理。
>
> 静下心来想一想，这两年我所遇到的老师，也是最好的。比如班主任李老师，虽然有时候我觉得李老师有点烦，但她从不放弃指点我的错误，哪怕她得到的只是不认真的态度和一些应付的话语，这让我对她产生了敬佩。

教育需要等待，但不是说在这个过程中，老师只是单纯地等待，什么也不做。其实，老师是在积极地做思想工作，用爱和行动感化学生，慢慢的，学生会明白老师的良苦用心，也会用实际行动告诉老师："我长大了！谢谢您曾经的包容和鼓励，一直不曾放弃！"我想，这也是一种德育浸润吧。

生物组
李红菊

以心伴心

当一朵小花在角落中开放的时候，即使你不去观照，它也能兀自盛开，但当你用爱的感情去关注它、期待它，谁说不会出现奇迹呢？

家访初识

接班的第一件事情大概就是了解学生的情况，班级里一对龙凤胎吸引了我，孩子质朴的眼神让我感到了只有在支教时才能感受到的乡土气息，家庭住址也居然在房山。怀着一颗好奇心，我坐上了去房山的公交车。

到了这对兄妹的家，才发现真的是简陋。一个小院落，几间平房，大屋子里只有简单的几样家具，如果没有支教的经验，我简直不能相信这是在北京。两个孩子是体育特长生，家里条件很苦，只有母亲一个人打工，还有奶奶需要赡养。经过与孩子母亲的交谈，我知道孩子在当地学校学习还不错，学习上也不需要家长操心，但没有参加过任何的补习，相对城里的孩子学习基础会比较薄弱。但家里吃低保，没有钱给孩子补习，只能期望老师多帮助。两个孩子不爱说话，但我检查孩子的假期作业，完成得很认真，字写得非常工整。生活独立，肯于吃苦，让我对这两个孩子产生了爱怜与疼惜，我告诉自己：两个孩子能通过自己的努力考上八中，是他们的不易，但能让他们真正走出一条不同于他们父母的道路，我要指引好。两个孩子生活在单亲家庭，又在家庭条件如此不好的环境中，我也要做好心理准备，对他们两个的教育也许是崭新的，我会尽力而为，让这两棵小苗茁壮成长。

离开的时候，我给孩子们留下了我的诚意与期望，孩子们给我留下了好几个自己摘的最好的梨。

崭露头角

开学后不久就是运动会，这是他们两个在班里最显眼的时候，也是我们能够亲眼看到他们厉害的时候。1 500 米，最长距离的一个比赛，他们两个人都以超出别人很多的优势夺得了冠军，他们为班级赢得了四块奖牌，我们班也赢得了团体总分第六名的成绩。我派妹妹上台领奖，她羞涩地笑着，我们在看台上兴奋地鼓着掌。他们很棒，我们都知道，但如此棒，把对手远远落在后面，能以绝对优势获得第一名是我们谁都没有预料到的。我观察到，两个孩子每项比赛前都去热身，不需要别人帮忙，在座位后面默默地伸腿、下腰，一丝不苟，不喧哗，不吵闹，似乎赛场跟他们没有关系，就像麦地里静静地生长的麦苗。但当他们奔向赛场，就发狠地、拼命地往前跑，让你感到他们身上散发的是用之不竭的力量，像秋天收获时庄稼地里挥动的镰刀。但我亲眼看到，一整天的比赛，因为比赛项目不同，从上午七点开始，直到下午四点接力比赛结束，妹妹才开始吃东西，她是饿着跑完这所有比赛的。我问过她为什么，她说吃了东西怕跑不快，习惯了。我不知道这个瘦小的身体里蕴含的是怎样的力量，但我知道，拼搏吃苦的意识已经深深扎根在他们心中，没有更多的诱惑，只有一个前进的目标。我心里是心疼，是感动，是敬佩……我说不清楚，但他们让我感到了一股力量，是拼搏的力量，是坚定不移奔向目标的执着。

离开赛场的时候，我给孩子们留下了照片和鼓励，孩子们给我留下了他们入学以后最灿烂的笑容。

出现问题

运动会后，就开始准备期中考试了，这是学生们入学以后参加的第一次学校统考，紧张的气氛让他们不能放松。以前，两个孩子的学习不是很好，但因为刚开始学，到底还不是很困难，但现在面临考试，有了综合的考查，他们的问题就显现出来了，但最重要的不是学习的问题，是沟通的问题。妹妹的问题更大些，无论哪位老师与她沟通，她都从不回一个字，

再说得厉害些，她就以哭来对应。数学老师很苦恼地来找我，怎么办？给她讲，她既不说懂也不说不懂，再问，就沉默，五分钟，十分钟，她能像坚持比赛一样坚持不说话，再问，还是不说，再大声些，再讲道理，就是无休止地哭。我似乎也有些束手无策了。

我们两个的冲突发生在那天放学以后。我把她找到办公室，以一位长者的身份谆谆教诲："为什么不写数学作业，如果不会可以问老师，可以问同学，可以自己多思考……自己基础不好可以努力去学，某某某入学成绩也不好，努力在学不是也学得很好吗？你如果不好好学习，以后怎么办？能来八中不容易，要好好珍惜机会……"她低头不语，一副受罚的样子。我一个人唱了大概二十分钟的独角戏，我有些生气了，但强忍着怒火，又拉起了她的手，重复着刚才的内容，我试着降低了一些身份，我问她："有什么老师能帮你的吗？"她摇头，我更生气了。"你不需要老师帮忙，你自己能行，怎么就不写作业呢？"当我高声说完这几句话，回应我的就是哭，小声地哭，委屈地哭。我拿出纸巾递给她，说："为什么哭，有什么委屈能跟老师说吗？"五分钟，十分钟，十五分钟，我拉着她的手，给她纸巾，她就在哭，我感到了自己的无力，我不知道该怎么办了。那就哭吧，还能哭多久呢？我等待着她哭得结束。这一等就是半个小时，在她的哭声中我觉得自己都要哭了，放弃，她的问题仍然没有解决；解决，我一点儿办法也没有了。我没有办法了，而且已经是晚上六点多了，我只好跟她说："这么晚了，食堂也没有饭了，咱们出去吃个饭吧。"她不哭了，看着我摇头。我拉着她说："走吧，我们都吃点东西，咱们两个都不能饿着啊。我不舍得你饿着，你也不能让我饿着啊。"她仍是不走，但她似乎想说些什么。我突然意识到了，刚才我所有的问题都是我认为我在帮她，但我并没有站在她的角度去考虑，我以居高临下的感觉在质疑她，在给她提建议，我把自己放在了很高的高度，把她放在了很低的地方，我们并不平等。而刚才的几句话，却是平等的。我如果换在她的角度去考虑呢，也许会有希望。

敞开心扉

我拉着她的手说："我们先去吃饭，吃完饭回来，你愿意跟我说就跟我说，如果你跟我说，我会尽我力帮助你，当然，你也可以不说，但我仍然会喜欢你，关心你。"我不知道爱的力量会如此之大，当我说完这句话的时候，她哭了，哭得声音非常大，不同于平时的低声啜泣，她边哭边跟我说："我的压力很大，你们都把我跟三班的那个运动队的同学比，她就是比我强，可我也在努力，我就是不会，我也很着急……"她说的话断断续续，也有些语无伦次，但我听得非常仔细，我听出了许多我不知道的东西，我第一次感受到了她的感受。当她再断断续续地诉说她的痛苦与无奈时，我也哭了，我才体会到她的不易，而我刚才那大段大段冠冕堂皇的劝导简直就是废话，没有一句能指向她的内心。

敞开心扉，是多好的沟通方式啊，我们虽然都哭了，但我们彼此之间的距离拉近了。我努力地放低自己，努力地让自己和她一样，试着用她的感受来感受这些事，试着用我的经验来帮助她处理这些事。这天晚上，我们聊了很多，我才感到我对自己的学生，一个我还以为很关注的学生是那么不了解，我才感到她一个人住校，当远离亲人的时候别人所给她的压力，我才感受到她韧性的外表后面是一颗多么柔软、多么需要人用心呵护的心。我喜欢这样的沟通，也感受到当我用"真爱"来关心一个学生所能带来的力量。

离开的时候，我给孩子留下了我的期待与感谢，孩子给我留下了会心的笑容，她答应我会慢慢改变，她说这样的聊天很温暖。

用心伴心

以后的生活，我们还有磕磕绊绊，有我生气的时候，也有她故伎重演的时候，但我们都在努力调整着自己。我在生活上关心她，我给她笔记本、夹子、文学名著……我尝试着站在她的角度想问题，帮她找方法；她回馈我认真地听讲、写作业，努力与老师沟通……她在一点点地进步着，状态不错，我们都很满意。第二年在带着他俩去领特困学生的助学工程补

助时，他们一路上蹦蹦跳跳，愉快的心情感染着我。我们用爱做纽带，联结着彼此，在爱的氛围下，我们都很舒服，也很放松。我很感谢她，她让我感受到了爱的伟大，只有真正走进学生的心里，在爱的能量下传递彼此的信息，我才能真正帮助我的每一个学生，我的学生才会真正感受到我的关心。以心伴心，会成为我今后教育的方法，蹲下身走进学生心中，才能做好一名教师。

我希望当他们毕业离开我的时候，我给孩子留下我的爱心，用这份温暖伴随他们一生；孩子给我留下他们的成长，用他们的成长延续爱的传奇。

我与孩子们在这个点上相遇，是我们的缘分。用爱心相伴，走过我们人生中这段共同的道路，留下我们彼此间最宝贵的回忆。让我和孩子们都相信：爱可以创造奇迹……

语文组
陈然

真心　尽心　耐心

苏联教育家苏霍姆林斯基说过：教育的全部奥秘在于如何爱护儿童。

苏联教育家苏霍姆林斯基说过：教育的全部奥秘在于如何爱护儿童。他道出了教育的真谛。教师只有真心对待学生，尽心帮助学生，耐心等待学生的成长，才能真正赢得学生的尊重和信任，才能看到学生惊人的转变。

两年来，任课老师和同学们都惊异于胡的变化。我心里明白他的变化不是一天两天形成的，也不是一件事情、一句话的触动，而是我遵循教育规律，真心尽心耐心教育的结果。

真心的帮助

刚刚开学没几天，胡就给全班同学留下了深刻的印象。胡同学纪律观念淡薄，不愿受正常规范制度的约束，自由散漫，行为随便。有时还表现出攻击性，性格暴躁，遇事冲动，自我约束能力差，他嗓门粗，力气大，与同学说不上两句就吵起来甚至打起来。他在课间经常找班上几个小个同学，打打他们的头或踢他们两脚，这几个同学都很害怕他，躲着他，但也是敢怒不敢言，拿他没办法。很多同学给我提意见说把他放在讲台边或最后面，我们所有人都不理他，经过一段时间他性格就好了。还有一些类似孤立他的想法。但是我知道，这是不符合孩子心理发展规律的做法。这也只是暂时地使他屈服，他的性格心理问题并没有得到根本解决。我必须找到内在的真正原因才能从本质上解决问题。

经过与他的多次沟通与观察，我觉得他的问题与他的家庭教育有直接的关系。他的父亲是一个成功人士。从偏远的农村考到北京建立自己的事业，现在是一个单位领导。他望子成龙，希望自己的孩子比他还强，超过他这一辈人。他对孩子要求严格，如果孩子不能实现就拳打脚踢，不管在什么时间什么地点。父亲的这种暴躁影响到孩子，使孩子也喜欢用武力解决问题。要解决孩子的问题根源在于解决家庭教育的问题。我决定约他的父亲来学校，让胡把内心的感受与他的父亲进行交流，得到父亲的理解。没想到我把想法告诉了胡后，他表现得异常激动，坐立不安。他说绝对不能找他的爸爸，他爸爸不听别人的劝告，谈的结果只能是回家再挨一次揍。我等待他平静下来，很诚恳地告诉他一定要相信我，一定要给我一次机会，也给自己一次机会，不试试结果谁都没法预料。胡接受了我的想法。

当我们三个人坐在阅览室时，我感到了空气的紧张压抑。他的爸爸怒目而视，以为儿子又犯了什么错误。胡不敢抬头，战战兢兢。我首先表示胡没犯什么错误，这次只是一次平常的沟通。我强调了人的教育是家庭教育、学校教育、社会教育的合力的结果。可以说离开哪一项都不可能，家庭教育则是一切教育的起点和基础。所以为了孩子的健康快乐成长我们要经常这样交流。接着我讲了两个家庭教育对孩子影响的故事，其中有一个很接近胡的故事。这个故事深深刺痛了胡。他痛苦起来，我趁此时机，让他把心里话说出来。他说了自己的痛苦、紧张、压力，父亲对他的不理解。他说："你有没有想过你把我轰出家门，我是多么心灰意冷；有没有想过放学时大门口都是同学，你劈头盖脸骂我时我有多么无地自容；考试前你说不考进班级前三就不要回家，我心理压力有多大。"听着孩子的哭诉，爸爸也难过得流下了眼泪。我觉得教育他父亲的时机到了。我先谈了他这种教育方式的危害。孩子脾气暴躁，性格冲动，没有朋友。考前由于家长的期待压力而产生比较严重的心理焦虑，别人复习他看《故事会》。家长的期待不仅没有变成孩子学习上的动力，反而成为心理负担。我说："这一定不是你期待的结果。你一定要转变你的教育方式。"

接着我给他讲了中学生的生理心理特点，如何创设和谐的家庭教育氛围等，一定不能不顾孩子的意愿，一味按照自己的意志，强加给孩子，对孩子过分强制。要与孩子建立平等的朋友式的关系，满足他的自尊的需要。最后，胡的父亲说他今天受了深刻的教育，他保证以后不再打孩子，要多与孩子沟通，不给孩子那么大的压力。后来我问过胡几次他爸爸的态度有没有变化，他说很好，没再打过他，没给他很大的压力。

尽心的帮助

他的散漫终于导致了一件严重违反校规校纪的事情。升入初中的第一次期中练习，同学们都非常重视。考试时教室安静得只能听到笔在纸上的沙沙声。这时，教学处巡视的老师走到了我班后面，来到了最后一排，伸手从胡手中拿走一样东西，离开了教室。事后我才知道，原来在最后一门考政治的时候，他答完无事可做就玩起了手机。我听后真是如五雷轰顶，怒火中烧，觉得他简直是无法无天，不可救药。事后校领导留下我宣布对他的处理意见，年级处分。刚上初一就这么无视纪律是应该严厉处分，况且他平时表现也是任意胡为，正好借此机会给他一个深刻的教训。开始我听到这个对他的处分也觉得解气。但是又觉得哪不对劲。我反问我自己，你这么做符合教育规律吗？你这么做把问题真正解决了吗？达到了自我教育的目的了吗？他会不会因为自尊心的丧失行为变得更加放肆？他以后会把你当成一个值得尊重和信任的朋友吗？我把这些想法与领导进行了沟通。最后取消了年级处分。考虑到对班级的影响，决定在班内做检查。我把事情的来龙去脉告诉他，他哭了。他说他知道这次犯了非常严重的错误，他以为学校会给他一个极其严厉的处分，让他永远抬不起头，没想到学校和老师宽容了他，让他十分感动。通过这次犯错，他进行了深刻的自我教育，这也正应了老子的"世间万物自己成就了自己"的思想。

耐心的等待

教育是有滞后性的。也许我们倾尽所有地付出，还是感化不了学生，没有什么成就感。但是我们还是要相信教育的力量，耐心等待孩子成长。

说起这个班我付出精力和感情最多，最宽容理解的学生大概就是胡

了。但是和我顶过嘴，甚至骂过我的也只有他。其实这个孩子本质不坏，就是脾气太急，自制力太差，很难控制自己的情绪。大多数时候，他还是很尊重我的，但他顶撞我特别是那次骂我真的让我觉得没法把他教育好了，对教育差点失去了信心。胡的个子很高，所以坐在班里最后一排。有一天他说有点看不清黑板想往前坐。如果他换到前面来就与前排的男生挨近了，两人自控力都比较差，可能就会出现纪律问题。我开始没有答应。后来他找了我几次，并且向我保证不会影响纪律，我就答应他与前面的女生换了座位。第二天，我去班里上课，走到楼道里就听到他的大嗓门在嚷，推门进去他连头都没抬，正与前面同学眉飞色舞谈得高兴。我气不打一处来，大喊道："胡，回到你原来的座位。"他停止了谈笑，也很气愤地说："为什么，那么多人说话您为什么盯住我？"他的质问让我觉得很没面子就说了句很严厉的话。他嘴里嘟囔了一句："傻。"虽然声不大，我还是听得那么刺耳。我的眼泪马上就要夺眶而出。这就是我真心、尽心对待帮助的学生，他就这么回报爱他、维护他的老师。我真想把他轰出去，或者我自己跑出去，但是我的理智战胜了冲动。我尽力使自己平静下来，努力把课上完。有几次我的眼泪都在眼圈里转，觉得委屈，伤心。放学了，他没走。只有我们两个面对的时候，我的眼泪终于流了出来。他也痛哭流涕，说他没良心，说他不是人，他认识到自己的错误了，让我不要伤心，看他以后的表现。我想这时我不用再去责备他，教育他，他已经完成了自我教育。之后，他真的再也没有和我顶过嘴，没有做过让我伤心的事。我想如果这次我和他翻脸，当场把他轰出教室，也许我以前对他的教育、所做的努力就都前功尽弃了。是我一次次的理解与宽容，一次次的耐心等待才换来了今天的结果。

现在，他在纪律上严格要求自己，学习上也是名列前茅。他学习兴趣浓厚、劲头十足。他的目标是八中高中部。

语文组
刘满秋

做"温暖的南风"

> 有一则寓言："北风南风打赌，看谁能把行人的大衣脱掉。北风使劲刮，可越刮，行人把大衣裹得越紧；南风徐徐，轻柔温柔，使人感觉到温暖如春，于是自觉地把大衣脱下。"
>
> 南风之所以赢了北风，就是因为它顺应了人的内在需要，使人的行为变为自觉。这种以启发自我反省、满足自我需要而产生的心理反应，心理学称为"南风效应"。

"南风效应"给予我这样的启示：第一，在教育教学过程中，我们每天面对的是具有鲜活个性的孩子们，他们就像海边的贝壳，每一枚都不同，都有自己独特的美丽。因此要善于把握学生的特点，顺应学生的内在正当需求，采取符合学生实际和需要的教育教学方式。第二，在沟通管理中，要采取人性化策略和措施。尊重学生的人格和自信心，相信学生都有一颗上进的心。在情感上尊重、关心；在行为上激励、肯定。容忍学生的缺点和错误。

每个孩子的成长过程都是唯一的、不可复制的，老师是幸运的，参与了这个过程。我愿意选择做一阵温暖的南风，徐徐吹拂花蕾，静待花开的那一日。

要做"南风"，前提是了解学生，了解学生的需要。每次新接班，观察学生、尽快认识每个学生成为我的首要任务。我很享受这个充满惊喜的过程。开始接触孩子们时，我心中不免忐忑。慢慢的，我发现，他们同样也很不安，作为老师，我要给他们踏实感。于是，我决定首先要做的是真诚地交流，让他们信任我。

在我踏上工作岗位的第一年，我投入了全部的热情，那时，我以为这样才是一个好老师，这样我就可以跟他们做朋友。特别是对于基础相对薄弱的学生，我想用"师爱"去感化他们，想当然地认为这样他们的成绩一定会有所提高。刚开始还好，课堂气氛活跃，成绩也理想，颇有些轰轰烈烈、热热闹闹的感觉。随着知识难度的加大，慢慢的，学生对于学科、对于老师的新鲜感消退了，疲倦感占据了上风。而我的师爱悄悄变身为"恨铁不成钢"的唠叨，用"为你们好"的借口给批评和责备披上美丽的外衣。当软硬兼施的种种手段仍然不见成效，失望笼罩了我，我也加入了抱怨的行列。我的课堂丢失了教育灵魂，空存教学的外壳。

这时，学校德育工作坊的石老师推荐了一本书给我们，其中的一句话重重砸在了我的心上——"平等的师生关系没有了，只剩下教师的爱飞流直下，砸在学生头上，爱成了进攻性的武器，成了教师免遭学生反驳的温柔盾牌"，是啊，我单方面的、强加于人的"师爱"，忽视了尊重，根本没有与学生站在同一高度，而是把自己摆在了一个高高在上的位置，居高临下地看待师生关系，用"爱"的名义横加干涉学生的情感和想法，强迫他们接受我认为好的行为和思想，而没有考虑他们是否愿意接受，这些是否真的对他们有益。

我之所以感觉到失望，是因为有期望，这种期望不仅仅是对学生能有好的发展的期望，还有着对"回报"的期望。正如书中所说，我"把爱当成一种投资，而且要求很高的回报率"。期待回报是正常的，但是不能把回报当作最终的目标。学生们能够健康快乐地成长，能够在学校中学到于他们未来发展有益的东西，这是教师的职责和期望，在这个过程中，我们的付出如果得到了学生的回应，那是再好不过的惊喜，如果没有，也不必沮丧。

经过一段时间历练的我，与学生的沟通交流更加有策略，更加顺利。我想我们青年教师最大的优势就是年轻、有活力，容易与学生产生共鸣，所以，我们在教育教学工作中应该用激情去感染学生，用真诚与学生交流，这样才会使教学有创意、有成效。著名教育家陶行知先生有句名言："我们必须会变小孩子，才配做小孩子的先生。"所以，我主动拉近与学生的距离，听他们喜欢的歌曲、看他们喜欢的书籍、有事儿没事儿班里转转。当我与孩子们聊起他们感兴趣的话题时，他们在意外、惊喜之余，自然会衍生出亲近感与默契。

记得有一年初三新接班，一个女孩微笑的面孔让我很快记住了她的名字——李霁娆。似乎无论什么时候看到她，都是快乐的笑容，而且这种微笑很有感染力，让人也忍不住回以一个微笑。当我看到她的开学测验成绩时，遗憾的阴影浮上心头。因为她的开朗、乐观和阳光，我很喜欢这个孩子，所以潜意识里对她有着很高的期望。我告诉自己"不能只看一次测验的成绩"，于是开始留心她在课堂上的状态和作业表现。我看到了她的认真和努力。怎么样才能帮助她呢？测验后，我约她一起面对面地分析考试的试卷，一道题一道题，一个选项一个选项地分析，找出错误的原因。课余时间我们一起聊天，聊学习以外的话题。慢慢的，我更进一步了解她，我感觉她需要的，除了学习方法的引导，更重要的是信心。

"良言一句三冬暖。"每个人都喜欢听肯定的话语，成人如此，孩子更是如此，一句鼓励的话，可以让人燃起奋斗的热情。看过她的美术作品和物理实验过程，我知道她有着很好的动手能力；听她的言谈，我发现她很有想象力、善解人意。我不放过任何鼓励、表扬她的机会。"我很欣赏你的回答。""太棒了！""你怎么这么可爱?！"我毫不吝啬地用这些语言评价她每一次的优秀表现。

一次答疑时，我刚刚给她讲解了一道计算题，恰巧另一位同学来问同一道题目。我顺势把题目交给她："能不能当一回我的助教，帮我解答这道题目呢?"她很惊讶："我?！"我肯定地点点头，用鼓励和信任的目光看着她。她开始讲解，为了不给她造成压力，我开始解答其他同学的问题，没有一直关注她们。过了一会儿，我听到一声感慨："噢，原来是这样啊。"回过头，我看到一脸恍然大悟的表情和一脸自豪的笑容。我冲她竖起了大拇指。慢慢的，她成了物理办公室的常客，来提问题，来当"小助教"，来聊天。

频繁的测验是初三学习生活的一部分。付出了努力，自然会期望收获，但是有时候收获的效果并不会立竿见影地显现。因此，求好心切的学生往往容易在看不到进步的时候，选择放弃。所以每次当她看到自己的成

绩，脸上滑过失望的表情时，我鼓励她："红军长征不是几天走完的。你的辫子不是一天留起来的吧。""这次实验题才扣了两分。下次争取只扣一分，最好不扣分。"当我们谈起中考时，我的回答是："再努力一把，有很大机会考上重点。"有效的鼓励是需要语言艺术的。

终于，她的成绩由危险边缘进入了优秀的行列，终于，我又看到了自信的灿烂笑容。终于，物理从她惧怕的科目转变为喜爱的科目。有一天，她对我说："老师，我想当老师。一名物理老师。"我很惊讶："真的吗？好啊，欢迎你加入。"毕业前，她又一次肯定地对我说："我要当物理老师。"我感觉到她的认真，心里暖暖的："好啊，我在这里等着你回来，坐在我的对面桌，好不好？"这一刻，我品尝着那么深刻的快乐，感受着身为一名教师的幸福。

毕业后，她时常会回来看望老师，每次来到我的办公室，第一句话就是："老师，有什么我能帮你干的活吗？"每次回来总是带来她不断进步的好消息，似乎我一直陪伴着她的成长，并没有因为毕业而有所改变。终于她考上了理想的大学，进入学校里最好的专业。

一天早上，我正准备走进校园，忽然听见一声熟悉的"包老师"，抬头便望见了她灿烂的笑脸，手里提着早餐的她解释说："跟同学去天安门看升旗去了，看完就到您这儿来了，请您吃早餐。"那一瞬间，我的心里充满着惊讶、惊喜、暖暖的，似乎要融化了。

后来，她这样告诉我："谢谢您对学生不抛弃、不放弃，培养兴趣。初二的时候，我物理很差，没有兴趣。别人考 60 分，我也考 60 分，等别人考 90 分，我还考 60 分，久而久之就不愿意碰物理了。但是老师您都没有因为我物理不好而不理我，所以当时我就想，我又有什么理由放弃呢？后来我才知道您还让我最好的朋友激励我学习。等我真正爱上物理，告诉自己一定要学好的时候，每次看到物理就会有一种特殊的力量推动着自己向前。"

不同的孩子，在不同的年龄阶段，需求也是各不相同的。老师有时候甚至不用多做什么，只要聆听他们的感受和心情就够了。另一封来自学生的信中这样说："我的幸福其实很简单，希望有一个人，可以倾诉，她不会一味地追问缘由，而是静静地陪在身边，一起面对。谢谢您，给过我这般的幸福……"

　　其实，从某种意义上来说，我和学生是彼此的南风，彼此温暖，相互鼓励，他们让我从事着有意义、快乐的工作，他们脸上那"领悟"的表情让我有成就感，他们给予我的肯定和喜爱是我前行的最大动力。每每看到他们这些牵动心绪的话语，心里就会莫名地柔软起来。

　　后来的教学过程中，我依然会遇到各具特色的学生，会碰到各种各样的问题，不免着急过、愤怒过、泄气过，但是我会提醒自己用"赏识"的眼光看这些孩子。赏识不是顺从，不是溺爱。鼓励也要有个度，不能滥施鼓励，否则学生会觉得鼓励廉价。"南风策略"是发现学生的需要，肯定他们的发光点，并且引导他们将这些发光点迁移到学习等其他方面。慢慢的，在我的课堂上，越来越多的学生有了属于他们的昵称，例如擅长电学计算题的"电压达人"，擅长实验设计的"小工程师"，乐于与他人分享解题经验的"小陈老师"……我看到了他们的美丽，他们带给我欣喜与欣慰。

　　初中阶段的学生除了需要鼓励和赞赏，还需要信任。他们非常抗拒老师的过多干预和啰唆，所以我在鼓励孩子们参加学校的各项活动的同时，绝对不去指手画脚，尽力尊重孩子们的方案，并且放手让他们完成。如运动会的入场式、科技节的板报评比、艺术节的节目排演等活动，这是孩子们展示的舞台，他们极大地发挥了自己的创意，并且取得了很棒的成绩。这样不仅让他们获得了很大的成就感，更重要的是，增强了集体荣誉感。

　　曾经听人说过"教育无小事，要事事关注"，我认为不仅如此，教学中还要"时时"关注，因为好的教育教学时机，是稍纵即逝的。了解我们的学生，关注他们的发展。这个过程中，有欢喜、有忧愁，但是始终让自己的心房中住着快乐，用积极的心态面对，就会少一些烦琐、枯燥、忧心，多看到一些孩子们的可爱与优点。静待花开，比揠苗助长更有效，比横眉冷对更惬意。

物理组

包票

运动会后的思考

> 教师的伟大之处，不在于注意挖掘了某一件事，而在于能踏踏实实地把每件哪怕再细小的事情都处理好，挖掘出有价值的教育因素，把对一件事、一个人的教育扩大为对集体的影响，这样才能显示其不平凡之处。

这是我的理解，也是我的追求，但从目前情况看，自己尚不能真正实现，但所经历的事情中，确实有一些给我和学生们留下了深刻的印象，比如今年运动会后的思考，就让我们初二十班全体记忆犹新。

我们初二十班，体育特长生相对较多。初一时参加校运动会曾以绝对优势取得了年级第一名的好成绩。而就在今年10月的校运动会上，仅获得团体总分第二名，特别是我班由四名体育生组成的超强阵容仅获得男子4×100米接力的第二名，成绩公布的那一刻，同学们都惊呆了，特别是班里的10个体育生，运动会前胜券在握的气势一扫而空，一个个垂头丧气不知所措。其实，运动会当天，他们的表现确实不错，吕兴浩一人报了几个项目，一整天几乎没有休息，于尚辰脚磨破了，依然跑完最后一项，为什么输给了名不见经传的少十四班呢，我心里也有些疑惑。

事后，我向体育老师了解了一些情况，心中的疑惑方才打开，于是，我想，输了也好，输的正是时候，正好利用这个机会让他们懂得一些东西。

"刘老师，我们班很多项都是第一，为什么总分第二名？"运动会结束之后的第二天，男生们还是有些愤愤不平。

其实答案已经在我心里，但我故作不知。说道："也是啊，不过你们可以问问体育老师。"

一会儿，男生们回来了，一看表情，我就略知一二。

"老师，我们查过了，人家少十四班在趣味项目上获得了很多第一，而趣味项目获得第一的得分是乘 2 的，可咱们班趣味项目几乎没有得分，虽然运动会当天的项目得了很多分，但仍然比少十四班低了几分。"

他们一脸后悔，但我一点不放松。

"你们想想，趣味项目你们重视了吗？我在班里动员的时候，你们是怎么想的？"

"唉，当时我们想，我们都是体育生，运动会上包揽了所有项目，趣味项目那点分算什么呢。"

没错，这就是他们真实的想法，运动会前他们松散、自负的样子历历在目。借此机会，我告诉全班同学：做任何一件事，任何一个细节都不能疏忽，因为在任何一个问题上都没有绝对优势可言，人家少十四班每天早晨都在练习趣味项目，而你们丝毫不在意，很多体育生不报趣味项目，甚至有的同学报名了也没有去参赛，可以说少十四班赢在态度上，赢在重视上，你们也恰恰输在态度上，输在不重视上。

全班同学都低头了。

我还是不放松，接着说："不过，据我了解的情况看，即使我们趣味项目没有拿分，但我们的王牌项目男子 4×100 米接力，如果能拿第一，我们依然可以是团体总分第一名。这个项目，我们班的四个体育生输给了外班的四个非体育生，你们知道为什么吗？"

全班同学一脸茫然。

我说："你们回家接着想吧。"

就在让他们想的同时，我也没闲着，因为我得知男子 4×100 米接力的冠军是初二一班的四个非体育生，他们能战胜四个体育生，真是非常了不起。我恳请一班的班主任穆老师配合我的工作，让一班的四个男生写了得胜的心得。这四个男孩非常认真，也让我很感动。

周五，我们班召开了名为"运动会后的思考"的主题班会，会上，我表扬了运动会上表现突出的同学，体育生也纷纷表示了运动会前思想不够

重视的悔意。

等大家都说完了，该我说了。我把四篇文章拿出来，我说："今天，我别的不想说，只想让大家了解一下人家 4×100 米冠军的赛后体会。"于是，我开始念四篇文章，尤其是一班刘砺寒同学的文章，确实有说服力。他说，去年的运动会，他们班 4×100 米是第二名，当时，他就在心里埋下一颗种子，要在今年的运动会上取得这个项目的第一名。于是，从 9 月 1 日起，他就带领他们班的四个男生每天早晨在校园里练习跑步，反复地练习交接棒。他说："人的差距就在于对梦想的追求，有了梦想，并且能够倾自己全力去奋斗，就一定会获得无限的动力。"这个男孩的文字很朴实，但是很有力量，让我看到一个有梦想的人，在追逐梦想道路上的无畏与可敬！

四篇文章念完了，班里鸦雀无声。

我说："同学们，在初一的时候，我们学过《伤仲永》这篇文章，我们知道，一个有天赋的人如果不努力，最后就会沦为常人。今天，刘砺寒等四位同学的文章，让我们看到了，即使在体育方面没有天赋的人，有目标、有拼搏，一样会创造奇迹。由此我们看出，对一个人来说，天赋是决定因素吗？不是！同理，我还想说，我们十班同学的学习基础很薄弱，但我们如果有刘砺寒同学这样敢于挑战的精神和行动，我们也可以创造我们的奇迹，对吗？"

答案毋庸置疑。

运动会我们虽然输了，但我们在少十四班同学的身上学到了严谨与重视，在初二一班同学的身上学到了拼搏与挑战，这次输得太有价值了。

体育成绩失败了，但十班的同学获得了成长。

与运动会前思想轻视、作风松散形成鲜明对比的是十班同学后来在科技节、艺术节上的表现。

科技节上，同学们精心制作了三块展板，展台上设计了现代通信技术变迁的主题。不同时期的 BP 机、手机整整摆了四排，都是同学们贡献出来的，杨泊宁同学还精心制作了现代通信技术变迁的文本介绍。事后，他在周记中写道："我们班的展示获得了师生的好评，我想这是集体的力量，这是团结的力量。"

　　十班在成长，而正是这样一点一滴的小事，让同学们在感悟、在反思、在进步！

　　　　　　　　　　　　　　　　　　　　语文组
　　　　　　　　　　　　　　　　　　　　刘　艳

做一个智慧型教师

哪一个老师不希望自己的学生成绩好，可有时我们在盲目追求结果时往往与结果越来越远了，关注学生的思想，观察他们的状态，帮助他们端正思想，调整状态，你想要的结果可能会提前赴约。

这学期他要来我们班了，我的内心忐忑不安，他会不会情绪十分低落，会不会压力太大抬不起头来，会不会在班中很孤单……我的脑海里出现了众多的担忧，怎么能让他在新的班集体快乐健康地成长呢？我陷入深深的思索中。

新学期开学前班级要进行一次排坐，我就先从这儿入手吧，以往排座位主要是由班委来做，我再宏观看看进行局部调整就行了，这一次我与班委仔细商量，精心安排，班委看到我对他的重视与尊重，有的主动跟我提出："我与他以前认识，我愿意和他做邻居。""我们一块演出过，我愿意与他做邻居。"看到同学们争先恐后地想与他做邻居，我的担忧减少了一部分，我相信有这样一群友善的同学，他能战胜自己的。

开学如约而至了，我看见他悄悄地低着头，尴尬地走进班里，我主动地说："你好！"他羞涩地回了一声："您好！"就等待着我告诉他座位在哪儿。我把他带到座位旁，这时身边的同学主动同他打招呼，一会儿我看见他尴尬的表情不见了，取而代之的是舒心的微笑。注册报到结束后，我主动拨通他家长电话："您好！我是康老师。""你有什么事？"对方生硬的回答让我心头一惊。"今天他在班级状态比较好，您放心。""谢谢，谢谢"对方的语气平和了很多。就这样我们愉快地进行了沟通，并且思想达成了一致，多关注孩子的情绪，少关注成绩。放下电话，我的心情非常好，有了家长的支持与帮助，我坚信孩子一定会有很大进步的。

就这样他走进了我们班，我没有积极主动地与他沟通，而是等待着下一个教育的契机，没过多久机会来了，在历史课上他的演讲震惊了整个班级，老师和同学佩服他的学识和演讲能力，课后同学争先恐后地告诉了我这个消息，我及时地表扬了他，看见他兴高采烈的样子我非常高兴，接着在班会上我邀请他做主要发言，最初他忐忑不安，我告诉他方法并且和他一块儿准备，就这样他再一次得到了同学的认可和尊重。渐渐的，我的身边也多了他的身影。"老师，我练过声乐，我想当音乐课代表。"我给了他一个在班中展示的机会，他那一曲《我和你》再一次震惊了我们，他也如愿地高票当选上了音乐课代表。我可喜地看到那久违的自信又荡漾在他脸上了。

接着好消息不断地从他身上传来，在期中练习时他考进了班中前五，在原班也达到了中等水平，在学校学生会文体部竞选中，他的演讲再次得到同学和老师的认可，成为校学生会文体部的一名干事。不久前校领导征求他和家长的意见是愿意回原班还是希望留下来，他和他的家人义无反顾地选择留下来。在给我的一封信中，他的家长这样写道："时间飞逝，转眼一年过去了。回眸这一年，我感慨万千，虽然孩子的成绩起伏不定，但在您的关爱和帮助下，经过他自己的不断努力，其学习成绩有所回升，又重新找回了自我。这一年他的学习生活过得较快乐，有了相互交流的学习伙伴，我们再次表示愿意留在您班。"

就这样他真正成为我们班的一员，他的到来不仅没有给我的班级管理工作带来负面影响，反倒是"鲶鱼效应"激活了我们班，班中形成了你追我赶求上进的学风，因我的存在班级更美好的正风和正气，学生们也在快乐中不断进步。

教育心得

用智慧点亮心灵

（1）佛家有句禅语说得好：你的心在哪个境界，就看到哪个境界的风

景。作为人类灵魂的工程师的老师，你的心境在哪儿就会决定孩子的高度，学生的发展需要一个过程，但老师的短期目标和长久规划一定要有，培养孩子应为孩子一生考虑，做一个智慧型的教育者，你会看到更迷人的风景。

（2）等待有时也很美丽。有时我们盲目地追求结果而忽略了过程，等一等，找到教育契机、抓住教育契机，你会有意外的收获。

（3）不要吝啬你的微笑和鼓励。无数事实证明，老师无意中的一个微笑、一个充满爱意的小动作、一句欣赏赞美的话，都有可能让学生受益终生。

（4）换一个角度也许你会更快实现目标。哪一个老师不希望自己的学生成绩好，可有时我们在盲目追求结果时往往与结果越来越远了，关注学生的思想，观察他们的状态，帮助他们端正思想，调整状态，你想要的结果可能会提前赴约。

做一个智慧型教师，用智慧点亮孩子心灵，我想收获的不仅仅是学生，还有教师自己。

政治组
康 靖

出行德育三则

你要有一个目标，才能体验"登顶览众山而小天下"的豪情，感受通过艰辛的努力后取得成功的喜悦，收获成长过程的人生真谛。

一、陶然亭自然体育课

每次的自然体育课，我都要提前几分钟到班里进行出行前的安全教育。等到一点整，下午第一节课铃声响起时，孩子们再安静地从教室里走出来，在教学楼下迅速地排好六队。组长整队，清点人数，检查着装，每一步都会有条不紊地进行。教师一人把38个学生带到学校外面去上课，安全问题真的怎么说也不过分。

这次去陶然亭公园活动，我想锻炼学生以小组为单位的方式自己乘地铁出行并安全顺利地到达目的地的生活能力和遵守团队纪律的意识。出行的路线是我提前选好的，标准就是尽量选择安全、方便、省时、快捷的路线。为了尽量减少过路口的次数，我选择从西便门桥下的小公园穿过，经长椿街地下通道前往乘坐地铁的方案。队伍的前面和后面都有两名责任心强的学生负责看管，我时常奔跑于队伍的前后照应，主要是过路口拦右转车和组织学生队伍走齐、走紧凑。保护学生也要保护自己，交通安全对于任何人而言都太重要了。大多数司机同志都会主动停车给学生让路，我们也会尽快通过，与人方便，与己方便。每次通过后，我都主动给司机师傅一个大拇指，司机师傅还以一个微笑，这种陌生人之间的真诚、短暂的交流会让每一个人都感觉很温暖。其实相互尊重是最重要的，社会的和谐，就是人与人之间的和谐。

优秀是一种习惯。孩子们要学会有计划做事，每次活动我要求学生最多只带两瓶水，合理安排好用水；我倡导文明出行从自己做起。排队上车、礼让上下，不喧哗、不打闹，从细微入手，从点滴做起，如古语所说"勿以恶小而为之，勿以善小而不为"。理想和现实总会有出入：有时人多，学生不能单独行动，又要集体赶时间上车，有时做的就难免有些缺憾。但在尽可能的情况下，我会要求学生尽量做好。2 号线后再换乘 4 号线，每一次出来后，组长就会主动组织学生站好，负责任地检查本组人数。我由此想，在大多数的情况下，不是学生做不到，而是教师没有要求到和没有提前准备到。

陶然亭公园，学生票半价 2 元。仅仅一张门票我就很感慨首都北京的文明、法制和包容开放的胸怀。今年暑期我和妻儿去桂林旅游，那里随便一个公园普普通通的门票就要几十元，而且还有本地人和外地人票价的分别，让游人多少感到有一些不快。其实旅游城市应当做得更好才对。北门口左手旁有陶然亭公园游览图和简要介绍，让学生了解陶然亭的历史和名字的缘由：白居易的"更待菊黄家酿熟，与君一醉一陶然"。陶然亭是中国的四大名亭，还要了解知道另外三个：安徽滁州醉翁亭、湖南长沙爱晚亭、浙江杭州湖心亭，且要知道它们命名的由来。教学中穿插这些人文、历史的知识是我们自然体育课所独有的，是学生能切身感受到的，是最容易牢记在心里的。最后我留给了学生一个思考题：何为"亭""台""楼""阁"？

公园门票背面的游览图太过简单，没有地点的名称，很难当作导游图使用，所以我没有把门票给学生，而是锻炼学生团队合作意识和主动利用公园标识寻找目标的能力。我要求所有的学生都仔细看公园门口处的游览图，记清公园的大概形状、重点活动区域的地理位置。学生们认真地做了准备，有的还用相机将游览图拍了照。第一个任务是以组为单位找到公园的"雪山"。"雪山"是陶然亭公园新开辟的供中小学生游玩的娱乐设施。它坐落在公园的北门口向里不远处的右手边，由两个高低不同的小山包堆砌而成，"山"的北坡各有一个雪白的四五米宽的滑道供孩子们嬉戏。学生们顺公园的甬路蜂拥奔去，右手处的"雪山"太过明显，没有费力便到达了山脚下。看完游玩注意事项，我又向学生提出具体要求：文明礼让，注意安全，抓紧时间，每人限玩 2 次。学生欢呼雀跃一拥到山顶顺序而下，欢笑声、尖叫声、鼓励声，也跟随着一路飘下，我也找到了童年的欢乐。我们经常说让学生在阳光下运动，在运动中快乐，在快乐中成长，这是多么美好的时刻呀！几分钟后，我整理好队伍，宣布第二个任务：寻找"窑台"。这里的"窑台"是唐窑的遗址，也是明清两代砖瓦厂的旧址，可不是王母娘娘的"瑶池"。

学生按照事先分好的六组各自散开去寻找，我当然走在队伍的最后，目的是要看看哪个组的学生最团结、行动一致，且能寻找到目标。提高学生的实践能力和团队意识，这是锻炼学生的一个最好的办法了，既安全又有效。"雪山"的后面是一条东西走向的小山丘，山上林木葱郁，布局着亭、台。"窑台"就在小山丘的最东面，而我从西面进入，向东奔目的地而去。说来事有巧合，几个组的学生从小山丘的中间位置上去，像"无头苍蝇"一样向西而来一路寻找。我断定他们是没有看路标就在进行漫无目的地搜索，山坡上没有指示牌，这下可是越走越远了。我们如期而遇，学生们很诧异，问我去那边何为？我一边走一边对学生们说："记住了，窑台，再见。"一语双关，学生们没有反应过来，我们就擦肩而过了。此山坡林木葱茏，花草繁茂，亭台掩映，景色宜人。学生在此环境下进行自然体育的锻炼，身心俱润。也许是眼前美景太多，也许是识别能力偏弱，我到达"窑台"顶上的庙院里等了他们十多分钟后，才听到外面学生叽叽喳喳的声音。两声哨响的提示音后，学生们蜂拥而入。学生们叫喊着老师骗人，我们相互"指责"了一番后，清点人数，还有一组学生"不知去向"。自然体育课有许多偶发事情需要教师及时处理。就此我宣布了第三个任务：寻找第六组，并带他们到"云绘楼·清音阁"下面集合。我明确了要求和方法，学生们高兴地一拥而散，不一会儿就不见了踪影。"云绘楼·清音阁"在华夏名亭园里，位于名亭园的围墙处，是高两层的建筑，目标较明显。这样也把学生带到了我们活动的重点区域。

我走下"窑台"后，不见了学生踪影，赶忙一路急走往清音阁奔去。一路跑一路寻找第六组学生，路上不断有标识的示意图，只要细心，都能

找到，我相信学生们没有任何问题。我刚到清音阁外面，就听到里面已是人声嘈杂，说笑甚欢。随着童音欢声笑语的引领，我上了台阶后左转右转进得门内就看到学生们都坐在长廊的台阶上边喘气休息边兴奋地相互交流。抓紧时间统计人数，全勤。走失的第六组在公园里湖上的石桥上被找回，我大大夸奖了孩子们。总结表扬后，进行了身体素质练习：男生俯卧撑 15 个×2 组，女生俯卧撑 10 个×2 组，蹲跳起 10 个×2 组。接着我宣布在接下来的活动中每找到一个目标点后都要自觉地把规定的身体素质任务完成，标准和数量为第一个找到目标的组做俯卧撑和蹲起各 5 个，以后各组依次蹲起递加 5 个，俯卧撑递加 3 个。为了保障制度的顺利落实，我也和学生们一样做了一组，顺便夸夸自己，老师做的动作比学生标准多了，因为从学生的惊叹声中我就听出来了。

我们所在的位置是陶然亭公园中的园中之园"华夏名亭园"，整个亭园占地约 10 公顷。里面名亭、小山、湖水、坡地、曲径、绿草、密林、修竹，交相掩映，景色精致。这里精选了国内许多名亭以 1∶1 的比例仿建而成。有"醉翁亭""兰亭""鹅池碑亭""少陵草堂碑亭""沧浪亭""独醒亭""二泉亭""吹台""浸月亭""百坡亭""谪仙亭""一览亭"等十多座。每个亭子都有其独特的历史、深厚的文化内涵，且布局于园区的各种角落和地势中。有的亭子矗立于路边或湖边，有的亭子挺立于山顶，有的亭子半遮半掩于山腰，有的亭子藏于茂竹之中，加之指示标牌较少，好一个完美的练习场地。

从"云绘楼·清音阁"出来，学生们要寻找的第一个目标是"二泉亭"。"二泉亭"在"云绘楼·清音阁"的西南约 40 米处，从"云绘楼·清音阁"的西、南两个出口均可顺利到达。但从西门出的学生易漏掉此亭，因为出了西门就是石砌的小路，顺路遥望就可看到另外一个亭子。两组学生出西门后跑来跑去，一路狂奔后又找回到了"二泉亭"。"二泉亭"原址位于江苏省无锡市的惠山公园内，相传惠山泉水甘香宜茶，唐代"茶神"陆羽品为天下第二。亭内有元代书法家赵孟頫题字"天下第二泉"和影壁上清代书法家王澍的"天下第二泉"题字。当然还有"独携天上小团月，来试人间第二泉"的优美诗句。其实，游览"华夏名亭园"，就像置身于中华悠久文化的历史当中去细细品味其中的神韵和芬芳。按照我们事先制定的规则，根据各组到达的先后顺序就地锻炼身体于其表，增长人文地理知识于其中，然后集合、点名，按部就班的顺序结束后，学生们下一个要找的目标是"兰亭"。

"兰亭"在"二泉亭"的西边 30～40 米处，非常明显，距离近得没有办法再让学生评出第一、二、三的顺序来，索性师生们都"享受"一次第一的待遇吧。锻炼后我们一如既往地简要了解了"兰亭"的人文历史知识。"兰亭"位于浙江绍兴兰渚山下，春秋时期越王勾践在此种兰，汉朝设驿亭，故名兰亭。"兰亭"碑亭是"兰亭"的标志性建筑，碑上的"兰亭"两字，为康熙皇帝御笔所书。我就此二字提问学生们是否看出了一些问题？细看二字，会发现"兰"字缺尾，"亭"字缺头的现象，原来此为"文革"时人为损坏所致。另一个还要让学生知道的是王羲之写下的天下第一行书"兰亭序"，也使"兰亭"蜚声海外。我们转到后面看到"鹅池"二字，相传"鹅"字为王羲之所书、"池"字为王献之所书，父子合璧，成为千古佳话，被人称为"父子碑"。其实自然体育就是一门综合学科，我们常说的"读万卷书，行万里路"就是这个道理。我们从"兰亭"出来后，按照原来既定的路线去寻找下一个目标："独醒亭"。

"独醒亭"在园中位于"兰亭"的南面 50 米左右的地方。穿过一条醒目的园中小路，就会看到一个半径约 10 米的小广场。四周由小的山石包围，从外面看很是清幽和隐蔽。进入当中，映入眼帘的是几幅有着浓郁民族风格色彩的黑白壁画，从左到右依次是："橘颂抒怀""治国安邦""被害流放""汨罗殉国"，凸显了主人公"举世皆浊我独清，众人皆醉我独醒"的忧郁、痛苦的心情和不畏艰难上下求索的决心。我们欣赏了美景，依旧按名次进行了分级锻炼，向西穿过一个小假山通道，便看到了"独醒亭"。"举世皆浊我独清，众人皆醉我独醒"，这是一种态度，这是一种精神，这是一面旗帜，这是一股力量。不对环境低头，坚持自己的理想和信念，孤身一人或少数人面对着社会的主流意识，其实就是一个以点抗面的过程，即使再坚强的超人也会产生痛苦、忧郁的心情，要扛起这面旗帜就要承受心灵的煎熬。古今中外都有无数的斗士在逆境中呐喊，布鲁诺在真

理面前不退后一步被烧死在罗马的鲜花广场、谭嗣同为强国兴邦留下了"我自横刀向天笑，去留肝胆两昆仑"的壮语。当然也有一些看清世事的隐士选择"独善其身"，另外一些人则"随波逐流"。可见人生道路的选择充满了挑战性和现实性，我相信有理想就有未来，他们是社会的中坚和基石，他们引领了社会的进步和发展，我们不妨来热情地讴歌英雄。

活动在继续，我们又依次去了"百坡亭""浸月亭""一览亭""沧浪亭"等众多地方。当然，每一个名亭都有它的历史、文化价值，值得我们去学习和感悟。名亭园中亭景结合，秀美绝伦。我们流连其中，如踏巴山涉楚水，有游吴越醉江南美景之感，加之每一个名亭都要四处奔跑找寻，累是亦然，但心情绝好，此情此景此锻炼方法，真是相得益彰，醉人身心。我印象最深的就是让学生去寻找"谪仙亭"的情景。"谪仙亭"建在"一览亭"下面的一个小山的半山腰，且在园区的边缘，隐藏在背向道路的阴坡处，其旁边不远处就是醒目的"少陵草堂亭"。学生到达"少陵草堂亭"后就留恋其历史文化的名声和景色的别致，说起诗人杜甫的事迹和诗词，然后匆匆离开去异地寻找"谪仙亭"去了。一段时间过去了，就有3～5个学生找到此处，我时时示意他们不要出声。一直听着四周时常有学生成队跑过，边跑边讨论，你猜我猜大家猜，声音由大到小最后远去了。没有很多学生能找到这里，我怕时间一久生事故，便和几个学生离开此处登高吹哨示意了。

"躬自厚而薄责于人，则远怨矣。"学生们一路找来，小组的配合程度越来越默契了，一起解决问题，一起分享成果，相互之间多了一分理解和宽容，少了一些抱怨和唠叨。通过这种组织形式，我们要让孩子们知道智慧来自碰撞与分享，它不是一个苹果，分一点少一点，而是一种能量，得到的人越多，获得的力量就越大。

二、八大处自然体育课

八大处公园是京郊最适宜登山的地点之一，千年的历史文化沉淀，丰富珍贵的自然资源，三山环抱而形成的特有小气候，以及不高不低的山势，使八大处公园成为京城百姓登山健身的首选之地。2001年，北京市体育局从高度、山势、登山环境等多方面综合考察后，正式确立八大处公园为本市四佳登山健身场所之一。

八大处公园，方圆 332 公顷，最高峰海拔 464.8 米。现有八座古寺（长安寺、灵光寺、三山庵、大悲寺、龙泉庵、香界寺、宝珠洞、证果寺），"八大处"由此得名。八座古刹最早建于隋末唐初，历经宋、元、明、清历代修建而成。其中灵光、长安、大悲、香界、证果五寺均为皇帝敕建。所以八大处有很深厚的历史文化，我们的目的是让学生了解中华民族的悠久灿烂文化，每一个建筑中孕育的中华文明的古老基因，从中感受人类文化的博大精深。

我们的出行路线是：学校步行至地铁线 1 号线南礼士路站，用时 15 分钟；南礼士路至古城站，用时 25 分钟；选择古城而不是苹果园出站，主要是古城站出来后可就地换乘公交车，不用再步行穿越道路寻找公交站台，免去了许多麻烦。从古城站 A 口出来，10 米的距离就是 958 路公交车站，乘车 25 分钟，到达本车终点站八大处公园。

途中的地铁换乘，六班学生较顺利，一班学生遇到了点儿小麻烦。学生一个车次没有全部上去，留了 11 名同学在站台等待下一趟列车。还好，我们事先已对此情况进行了相关布置：坐上车的学生不要在下站等候，直接到达古城站，在站台安静等候；如果返回时出现坐过车站的情况，我们不派同学去找，将在原地等候其反方向坐回。有了充足的准备，师生们都很平稳，没有出现焦虑的情况。坐公交车时，我提醒了两点：务必站稳把牢；尽量不要讲话，留给别人和自己一个安静的空间。文明出行，从我做起，播种快乐，是我们每次自然体育课的一项要求，也需要学生们共同做到。

在乘坐公交车的过程中，我旁边一位一班的女同学始终在和同伴不停地大声讲话。我站在旁边，看着她们说笑的样子，不时地用目光提醒她几次，不知为什么没有作用。不得已，我轻轻地用手指碰了碰她的头，并小声地提醒不要讲话。我以为会起到应有的效果，结果却大大出乎我的意料。这个女同学瞟了我一眼，说了句："别碰我头。"然后就又若无其事地和同伴聊了起来。把我的提示不当一回事，而且连比划带说，比刚才还起

劲。我凝眉看着她，注视着她的表情，我想她也知道我在注视着她，但还是一副满不在乎的样子继续"表演"着。我暗暗在运气，眉头凝得老高，当着很多乘客和学生的面，又不能失态，我微微晃了晃头，咬咬牙暗想：就由着你吧，你的面子比老师更重要。我做了冷处理，对其不再言语了，她的同伴也似乎明白了似的提醒了她。下车后，清点好人数，我对乘坐公交车的过程进行了几分钟的总结和评价。文明出行的要求、个别国人的一些公共场合不文明的做法、国外的一些好的文明习惯，我的语气很硬、很严厉，就是让学生知道自己错在哪里，这与我们文明出行的要求不符。当然，我没有刻意说那个女学生的名字和那件事，只是顺嘴带了一句有些同学对老师的提示置之不理，希望引起注意。

学生们也安静了下来，安静地走向山门。学生门票每人 5 元，成人每人 10 元，拿到票后，我对学生进行了寺院文化的简单讲解并提出了一些简单要求：以小组为单位活动；随时记住两不：不该说的不说，不该做的不做，尊重他人宗教信仰；登山健身，领略历史文化。进入公园，迎面是一副由五颜六色花卉锦簇古树而形成的吉祥图案。很远就闻到了阵阵沁人心脾的桂花香，好舒服。

顺着大路沿石桥向上，先游览始建于唐代大历年间（公元 766 年至 779 年），有 1 300 多年历史的佛家古刹灵光寺。最先映入眼帘的是正前方威严雄壮的佛牙舍利塔，高达 51 米，八角形，为 13 层密檐塔格式。依塔旁的引导牌指示顺时针绕行三圈，可增福长无量功德。我粗略地计算了一下，正常步子绕塔一周大约 160 步。是否虔诚地让学生增福祈求我倒是没想，单此地清幽，古木苍天，空气质量好，多走几圈健健身倒是不错的选择。一举两得，何乐而不为呢？有的学生们在塔底匆忙跑了一圈，就沿着两侧石梯小跑而上，看到巨大的石壁上刻满了经文，迷惑地对我问长问短。我只知道这是《般若波罗蜜多心经》，前佛教协会会长赵朴初先生所刻，别无它识，惭愧呀！我赶忙给学生指了一条路，顺着最西面的约 3 米宽的石阶走上去看一看有什么。台阶尽头是一道门，上书"平等"两字。有学生问为什么写"平等"两字。我的悟性有限，不敢瞎说，只能说佛家讲众生平等而已。进入门内，是一个平台，右首墙上书写两个大字"还愿"。看到还愿台，我忽然想到在进山的二处石桥右侧有一株大的古树，取名"许愿树"。此树有千年的树龄，树身奇粗。有些老的树枝快枯干了，用铁架子支撑着，倒像是一个常年屹立不倒的老翁，手拄着拐杖在家门口笑迎着八方宾客。一高一低，一前一后，许愿还愿两处相互呼应，相得益彰。学生跑向前去了，我关心的却是门背后的一副对联：右首，六根清净方为净；左首，退步原来是前进；横批，回头是岸。其实这里我最欣赏的一句话就是退步原来是前进。正如人生征途，在走自己的路的同时，避免误入歧途，死钻牛角尖。有时需要静下心来想一想，及时地转变思维方式，可能就会拨云见日，海阔天空。其实灵光寺还有许多的历史故事和传说，只是我们时间有限，课堂目的不在旅游观光。大约十分钟后，我们就集合、清点人数，向三处进发了。

时间很紧张。但中途有一个地方学生是可以驻足细细观看的：《二十四孝》石刻图。

"孝道"是中华民族传统文化之精髓，是儒家伦理思想的核心，是千百年来中国社会维系家庭关系的道德准则，是中华民族的传统美德。元代郭居敬辑录古代24个孝子的故事，编成《二十四孝》。后来的印本都配上图画，通称《二十四孝图》，成为宣扬孝道的通俗读物。《二十四孝》有的故事里或多或少有一些封建毒瘤思想，但教会学生辩证地看问题就是一种学习方法。我们有一句老话叫"百善孝为先"，我又想起了一个《挨杖伤老》的感人故事：汉朝时，大梁有个叫韩伯愈的人，本性纯正，孝敬父母。他的母亲对他管教很严格，稍微有点过失，就举杖挥打。有一天伯愈在挨打时，竟然伤心哭泣。他母亲觉得奇怪，问道："往常打你时，你都能接受，今天为什么哭泣？"伯愈回答道："往常打我，我觉得疼痛，知道母亲还有力气，身体健康，但是今天感觉不到疼痛，知道母亲身体衰退，体力微弱。所以伤心禁不住流下了泪水。并不是疼痛不能忍受。"此人子可为学习榜样呀。

往前走，过了一个小月亮门，左手路边门口一块牌匾：塔院，里面有地藏殿。我赶快把从网上囤来的仅有的一点知识向学生倒出：地藏殿供奉的是地藏王菩萨，地藏王菩萨是四大菩萨之一，他当时在九华山修行时发大誓愿说：地狱不空，誓不成佛，众生度尽，方证菩提！我不入地狱谁入地狱！是故在所有的菩萨当中，地藏王菩萨是愿力第一。右手九环锡杖振开地狱之门，左手明珠照亮地狱之黑暗。放大光明，让受苦的众生能够离苦得乐。他的坐骑名叫"善听"或"谛听"，也有叫"地听"。讲完后我忽然想起一个有关的故事：《西游记》第五十七回，说是"六耳猕猴"化作孙悟空的模样，伤了唐僧，后又和孙悟空大打出手。两位悟空为辨真假，闹到上天入地下海。在唐僧那儿，念紧箍咒；到天宫，用照妖镜；到观音菩萨处，看不出。后来到幽冥处阎罗那儿，地藏菩萨在场，经"谛听"听过之后，"谛听"却说："我看出来了，却不敢说。"说到《西游记》的这段经典情节，学生们才对地藏殿有了一个粗略的了解，也从中激起了进去看看的念头。我也从中想到了一个有意思的话题：最后保护唐僧去西天取经的孙悟空到底是哪一个？因为有"好事者"把真假悟空的事情起因、过程、结果等条件都做了细致、深入的分析，而且举例推理说得头头是道，我也真的起疑了。

研读了《西游记》，虽然每个读者心中都有几个谜团，但对于真假美猴王的质疑，我还是第一次看到、听到。看来只要用心去读书，看问题，就会发现、找到一个不同的空间。

跳出三界外，回到正文中。其实，从灵光寺出来路面很平坦，几乎感觉不到上山的脚步，如果脚下不停，只是转了一个弯，两分钟左右就会到达三处"三山庵"。

"三山庵"创建于金天德三年（公元 1151 年），距今九百余年。山门面朝东北，是一座布局精巧、构筑工美的四合院落。山门殿悬额"三山庵"；垂联"翰墨因缘旧，烟云供养宜"；正殿悬额"是大世界"，联题："慈目静心法相，和风甘雨祥云"。我们只做了简单的休整，学生可进去参观，可在外休息，几分钟后，我就要求学生向四处进发了。3～4 分钟的时间，我们登上了一个小山坡，便到达了四处"大悲寺"。

大悲寺，原名隐寂寺。明嘉靖二十九年（1550 年）在寺后建大悲阁。清康熙五十一年（1712 年）改今名，乾隆六十年（1795 年）重修。寺东向，前后殿宇三进。前殿中有十八罗汉塑像，形态生动，传为元代著名雕塑家刘元之作，且塑像用檀香木掺细砂作胎而成，乃八大处雕塑中的精品。正殿大雄宝殿供奉三世佛，殿后两株银杏树，高耸入云，是800年前的古树。

大悲寺后有一条浅沟，沟里丛生着一片野海棠，夏日花开时绯红满谷，很是醒眼。这里还有一个传说：据说康熙年间，谷中有一眼山泉常流，引得两匹金骡驹夜夜来此畅饮。一个贪人得知此事，便一连三年来此拴取。一天夜里，金骡驹果然又来了，贪人急忙抛出绳索套住了一匹，不料那驹子力大无比，竟将那贼人拖下悬崖活活摔死了。如今，两块形似金骡驹的山石依然静静地卧在谷中，相传是大悲寺中的高僧施展法术后的遗物。虽是传说，但也向世人道出不可贪心、不可有非分之想的警戒。几分钟的走马观花后，学生们开始向下一目标进发了。

从四处出来，才真正开启了爬台阶登山，此时的山路刚刚显现出坡度来。从二处经三处到四处，像是在闲庭信步，要不是四处最后的一小段上山的台阶，根本就无需出口大气，几乎让你感觉不到是在登山。从四处的大悲寺到五处的龙泉庵约200米的距离。向上攀登，新修的台阶，路面很干净，周围的卫生也好。一步一步地向上登，6～7分钟，当你的大腿开始有些微酸的时候，感觉到登山才要开始的时候，一抬头看到了眼前的一个小石牌坊，便到了五处龙泉庵。对于喜欢登山的人而言，此时就像是刚闻到了一杯香茶，要品尝的时候便又不得不放手了。

龙泉庵又称"龙王堂"，始建于明仁宗洪熙元年（1425年）。清顺治二年（1645年）在该寺地下发现一泓清泉，清康熙十一年（1672年）重修。龙泉庵以"泉道曲折，泉流净洁，终年不冻，永不干涸"闻名。一进寺门，就会听到潺潺水声，打破了深山古庙的寂静。游人至此，多愿在"龙泉茶社"内品茗稍息。我们到时在外面的水池旁稍做了调整，以等待后续的学生。不远处的树林中悠闲地落着几只鸽子，没有多少怕人的感觉，与游人的和谐相处倒是很融洽。学生在龙泉庵里转了一圈大约5分钟，就向下一个目标前进了。

龙泉庵到六处的香界寺约300米。从五处开始向上走，会明显感到路面杂石参差，路况不好，道路好像没有特意进行过整修，原始风貌较为明

显。一路缓坡向上，中途会听到悦耳的古筝声，在这山间小路上，放松身心，清净双耳，呼吸着清新的空气，也真是一种无上的享受了。十几分钟的时间，我们便到了六处香界寺。

香界寺于清乾隆年间改为此名。香界寺坐北朝南，依山取势而建，学生从前走到寺的深处，还需向上登几十级的台阶。香界寺雄伟壮观，山门殿上方悬一石额，上镌"敕建香界寺"，足见其在乾隆皇帝心中的地位。二进院落内有古松虬枝盘旋，张牙舞爪，称"龙松"，此树有500年左右的历史，树上挂满了游客祈福的红布条。我们不是特意来游玩，也不勉强学生必须进寺，所以一些学生就坐在寺门外的石阶上休息，以保持和恢复体力。一些组的学生集合好后，和我打了声招呼，就相互呼朋引伴地蹦着跳着向七处跑去了。我不由感叹年轻真好呀，体力无限，精力充沛。向年轻人学习吧，赶紧招呼了剩余的组，相拥着大步向下一目标进发了。

从香界寺到七处的宝珠洞约400米。上山的路在香界寺的右边，感觉是一个下山的道路，路口就藏在香界寺东院墙的旁边，有一个指示牌在引导着游人。沿曲折小路继续攀登，走走停停十几分钟后，在路的尽头抬眼会看到一座疏林掩映着的高踞于山坡之上的关帝庙。顺着山路向前走，过了乾隆题字"欢喜地""坚固林"的木制牌楼，就到了宝珠洞。时间有限我们草草地在精致的清式牌楼旁转了一圈，就匆忙下山了。

八处证果寺不在一个山头上，我们也没有计划前往。从七处下山路很顺畅，沿原路返回到六处香界寺后向左走过石桥就是一条平坦的下山大路。下山不走相同路，这里路面开阔，由石板路和柏油路面组成，没有太多的风景，注意脚下的路就行了。走不多远经过一处绝好的观景平台，在一个大拐弯处峰回路转天地开，一块大石上刻着"至此无山"四个大字，它引自乾隆的诗句"西山至此更无山"。一路行来，古寺清幽、余香环绕、翠柏苍松、琴声悠扬，在此极目远眺，城市一角尽收眼底，自然有种"登山小天下"的情怀。时间仓促，沿路疾走，又路过"中华精印谷"的出口。"中华精印谷"是一条以石刻形式系统展示中华印章文化的山谷。自殷商至明清的千枚古代名章刻于天然山石之上，静卧于山谷之中，待游人细细咀嚼历史、品味人生，但宜从山脚下的入口开始顺历史朝代游览。还有一处地质风景点：冰川漂砾。形成于距今 100 万～200 万年，是 1962 年地质学家李四光发现并鉴定为第四纪冰川漂砾。下山的路很顺利，不到 40 分钟便抵达了公园门口，结束了我们快乐、紧张的八大处之行。

三、登泰山，探访圣贤故里，感受儒家思想

登泰山有多条线路，最省力的就是从天外村广场坐电瓶车直抵中天门，然后步行或乘缆车到达山顶。最费时的就是从山脚下的红门出发，一路步行攀登，遍览泰山的名胜风景后抵达山顶。

两种登山方式我都进行了尝试。第一种方法：在天外村广场集合处乘坐容纳 20 人左右的内部电瓶车，经约 20 分钟时间到达中天门，然后开始有选择地登山。如乘缆车约 8 分钟即可到顶。途中可俯视群山的巍峨、葱郁和灵动，但未免错过了近观上山风景的机会，也必然失去了登山的乐趣。如步行需经约一个半小时即可抵达南天门，再经 20 分钟左右可到泰山的最高峰玉皇顶。此方法对于体力有限，又不想错过登山乐趣的游人而言相对舒适些。第二种方法：用简单的一句话即可表示：从山脚的红门出发一路向上别无他路，在游遍泰山几乎所有的景点后，约 4 个小时后抵达山顶南天门。原本登山就是一个简单的事情，迈开双脚只管昂首向前就好，不要顾忌，只管风雨兼程，我们选择了后者。

泰山是"五岳之首"，有"天下第一山"的称号。每个人从小就耳濡目染地知道了一堆有关泰山的至理名言：孔子说登东山而小鲁，登泰山而小天下；人终有一死，或轻于鸿毛，或重于泰山；泰山压顶腰不弯；等等。泰山在中国人的心目中是"国山"，是中华民族精神的象征。现在，我们要去亲历山的庄严、山的沧桑、山的厚重与山的灵秀，师生们兴高采烈地在山门口留影，学生们各个豪情万丈，要不是教师的极力拦阻，孩子们早就飞奔而上了。

登山伊始，我们把学生分成几组，每组 5～6 人，由小组长负责及时清点人数。其实这种方法在登山的前半段有效，到一定程度累得出现拖拉现象后，就失去了作用。我们为保证队伍的整体性和安全性，学生的前后都派有老师，队伍后面的教师责任尤为重大。登山的道路很平坦，师生边走

边说边欣赏。一会看到左手边一个石刻"虫二"。考查考查学生何为"虫二",有何典故?问了几个学生,都是一脸茫然,笑了笑摇摇头。又来了几个学生,其中一个学生脱口而出"风月无边",我高兴学生有如此的知识广度。学生们在学业压力繁重的情况下,在课余时间要多读书、读好书,猎取广博的知识。

从山脚一直到中天门,景点不多,道路多数平缓,少陡峭山路,且游人稀少,空气清新,环境清幽,是登山锻炼的最佳路径。一路行进没有过多的惊喜,多树木、少石刻,多山石露于溪谷、少景点,多欢笑,两个小时左右,我们较轻松地到达了中天门。稍作休整后,集合了队伍,清点好人数,我们又向上进发了。从中天门开始向上攀登,道路一下子变得陡峭,台阶众多,坡度较大,大多数情况下游人不得不停停走走,中途须停歇数次,这时的双腿也开始和自己的意志对抗起来。景点忽然多了起来,一个一个地往外蹦:"云步桥",一桥飞架,清泉流泻,摩崖石刻,此地势险峻,有"一夫当关,万夫莫开"之势;"五大夫松""望人松",郁郁葱葱,昂首屹立,沐风雨沧桑,笑迎八方来客;"万丈碑",巨型摩崖石刻,泰山画卷的印章。继续向上攀登,双腿一直在发软,走走停停,停停走走,言语少了,汗水多了,倒是有机会随时欣赏许多美景了。石刻、碑刻多了起来,帝王将相、文人墨客,无所不包,要有千双慧眼,才能逐一遍览。到了"十八盘"附近,有的学生已开始坐在台阶上大口喘气了,并告诉我只有出的气儿没有进的气儿了。遥望"十八盘",似天梯镶嵌在上,两壁如刀削直伸到天边,也似一条巨龙长身俯卧在苍山之脊,待游人从龙尾爬到龙头去轻轻唤醒它。我们叮嘱好学生注意安全,石阶有 1 600 余个,坡度六七十度,扶稳、踩稳、站稳最重要。一些体力好的学生先行出发了,游人见到许多十一二岁的学生一个一个地超过了自己,常常敬佩地竖起大拇指。其实,他们还不知道孩子们是从山脚下走上来的。

记得有一句话说优秀是一种好的习惯,养成它要从一点一滴做起,登山亦如此。怀揣着心中的一个梦想,坚韧不拔地走稳走好每一步也是一种好的习惯。也是一样的走走停停、停停走走,大口地喘气,不时地仰头遥望尽头,龇牙、咧嘴、擦汗,继续迈步向前,只要坚定了信念,就能越过"龙门",就没有战胜不了的困难。泰山有许多大石坊门,从山脚的"一天门"，到中天门开始的"迎天""五大夫松""对松山""龙门""升仙坊"
"南天门"，每一个石门都有它的历史典故和文化底蕴，都值得游人去细细
品味，去凭栏感怀万千。当山顶踩在脚下，当手揽白云，生硬的山风掠过
面颊时，师生们抛开一身的疲惫，欢呼跳跃地在南天门聚首了。在山顶简
单地吃过午餐后，我们便恋恋不舍地开始步行下山了。

　　下山时，你会感到双腿不再沉重，身轻似燕；道路不再崎岖，如履平
地。回头看看一路历程，其实登山就如人生，不管何时每一步都要脚踏实
地踩稳，落实才不会跌倒。把山踩在脚下，困难就越来越小，离目标就越
来越近。山还是山，水还是水，只是我们明白了再长的路，一步步也能走
完；再短的路，不迈开双脚也无法到达。

思考与收获

人生不正是在登山吗？

　　你要有一个目标，才能体验"登顶览众山而小天下"的豪情，感受通
过艰辛的努力后取得成功的喜悦，收获成长过程的人生真谛；要有一种情
怀，才能抱着积极、乐观的心态去看山、赏景，才会感觉到山是山，水是
水。你会发现苍松翠柏、清泉流绕、石刻精美、云海奇观、峰峦叠嶂，处
处景色美不胜收，自己身处在一个赏心悦目的画卷中；你要找到一个方
法，就会觉得其实山不是山，它没有你想象中那样高大、可怕。它就是你
的一个朋友，在你登山时，不时地在和你把周边的美景一一道来，当你和
朋友正聊得兴趣盎然之时，你已经到达了山顶。

　　做人有道，学法有方，登山如此。登山就是学习，它是学习中的一个
点滴方面，进而是人生成长的一个缩影。任何的学习实践都要从中找到以
小明大、以事明理的方法，进而才能沿着正确的方向走向成功。

　　其实做每件事情都要掌握其中的内在规律才能收到事半功倍的效果。

体育组

徐洪涛

图书在版编目（CIP）数据

　　打开孩子的心窗：北京八中的浸润式德育/北京八中初中部组编.—北京：中国人民大学出版社，2016.6
　　ISBN 978-7-300-22866-2

　　Ⅰ.①打… Ⅱ.①北… Ⅲ.①德育-教学研究-初中-北京市 Ⅳ.①G631

中国版本图书馆 CIP 数据核字（2016）第 099133 号

打开孩子的心窗
北京八中的浸润式德育
北京八中初中部　组编
Dakai Haizi de Xinchuang

出版发行	中国人民大学出版社				
社　　址	北京中关村大街 31 号		**邮政编码**	100080	
电　　话	010 - 62511242（总编室）		010 - 62511770（质管部）		
	010 - 82501766（邮购部）		010 - 62514148（门市部）		
	010 - 62515195（发行公司）		010 - 62515275（盗版举报）		
网　　址	http://www.crup.com.cn				
	http://www.ttrnet.com（人大教研网）				
经　　销	新华书店				
印　　刷	北京中印联印务有限公司				
规　　格	160 mm×235 mm　16 开本		**版　　次**	2016 年 6 月第 1 版	
印　　张	15.75 插页 1		**印　　次**	2016 年 6 月第 1 次印刷	
字　　数	220 000		**定　　价**	42.00 元	

版权所有　侵权必究　　印装差错　负责调换